LECTURAS BÁSICAS

A LITERARY READER

LECTURAS BÁSICAS

A LITERARY READER
fourth edition

GUILLERMO I. CASTILLO-FELIÚ
Winthrop College

Harcourt Brace Jovanovich College Publishers

Fort Worth   Philadelphia   San Diego   New York   Orlando   Austin   San Antonio
Toronto   Montreal   London   Sydney   Tokyo

Publisher   Vincent Duggan
Associate Publisher   Marilyn Pérez-Abreu
Developmental Editors   Irwin Stern, Teresa Chimienti
Assistant Project Editor   Danielle J. Khoriaty
Production Manager   Priscilla Taguer
Design Supervisor   Kathie Vaccaro
Cover Design   Mike Quon
Text Design   Grafica
Illustrations   Tom O'Sullivan

Permissions appear at the end of the book.

Library of Congress Cataloging-in-Publication Data

Lecturas básicas: a literary reader / Guillermo I. Castillo-Feliú
    [editor]. — 4th ed.
        p.   cm.
    Contents: Las estatuas / Enrique Anderson Imbert — Padre
nuestro que estás en los cielos / José Leandro Urbina — Retrato
de una dama / José Leandro Urbina — Los dos reyes y los dos
laberintos / Jorge Luis Borges — El otro niño / Ana María
Matute — Una carta a Dios / Gregorio López y Fuentes —
Lágrimas del valle / Concha Espina — China / José Donoso — Las
pérdidas de Juan Bueno / Rubén Darío — Juan Darién / Horacio
Quiroga — Las dos evangelistas / Isabel Allende — Vocabulario.
    ISBN 0-03-013338-6
    1. Spanish language — Readers.   2. Short stories, Spanish
American.   3. Short stories, Spanish.   4. Spanish American
fiction.   5. Spanish fiction.   I. Castillo-Feliú, Guillermo I.
[PC4117.L412 1988]
468.6'421 — dc19   88 – 15589
                                                                                CIP

ISBN   0-03-013338-6

Printed in the United States of America.

1 2 3 090 9 8 7 6 5 4

preface

Lecturas básicas: A Literary Reader, fourth edition, is a beginning reader designed for use in first-year college Spanish courses. The purpose of this book is to provide materials to develop reading skills for students at the earliest stages of language learning. It may be used in conjunction with any basic introductory Spanish program.

The materials in *Lecturas básicas: A Literary Reader* represent a collection of original writings in Spanish arranged according to several factors, among them length and level of difficulty. Each story is preceded by a *Vocabulario activo*, a short introduction to the author, and a section entitled *Points to consider*. Students should familiarize themselves with the vocabulary list before beginning to read, for the words listed are featured in the story and are also the backbone of the exercises that immediately follow each selection. There are essentially two types of exercises: comprehension questions treating story content and exercises for vocabulary development. Finally, difficult words and phrases are glossed throughout.

The fourth edition of *Lecturas básicas: A Literary Reader* represents a combination of the most successful stories from the third edition and new stories that I believe will be of interest to first-year college students.

As a general guideline, students can begin to read these stories after some familiarization with the past tenses. I hope that students will find these authentic stories by some of the finest writers in the Spanish language a satisfying means of building their reading skills and a rewarding introduction to the rich literature of the Hispanic world.

I am grateful to the following reviewers, who made constructive comments and suggestions that helped shape this edition: Phyllis M. Golding, Queens College, City University of New York; Susanne E. Lipp, Kutztown University; John L. Marambio, University of San Diego; José G. Montero, Northern Virginia Community College; Irma Perlman, The University of Wisconsin – Milwaukee.

G.I.C. – F.

contents

LECTURAS BÁSICAS

A LITERARY READER

capítulo 1

vocabulario activo

colegio   school (not *college*), *finishing school*
estatua   *statue*
fundar   *to found*
pintar   *to paint*
suelo   *floor, ground*
encontrarse   *to meet (up) with each other*
la **medianoche**   *midnight*
broma   *joke*
huella   *print, trace*
lavar   *to wash, to wash off*
sucio   *dirty*

Enrique Anderson Imbert (1910–) nació en Argentina. Ha sido profesor en varias universidades norteamericanas y ha escrito muchas novelas y cuentos. «Las estatuas» pertenece a la colección *El gato de Cheshire*. Esta narrativa es un ejemplo de los «casos» del autor: anécdotas o cuentos que en pocas palabras impresionan al lector por su gran ingenuidad y originalidad.

POINTS TO CONSIDER

1. Reality and fantasy in "Las estatuas."
2. Why do you think this brief tale belongs to the collection *El gato de Cheshire*? (Recall Lewis Carroll's *Alice in Wonderland*.)

Las estatuas

ENRIQUE ANDERSON IMBERT

En el jardín de Brighton, colegio de señoritas, hay dos estatuas: *la de* la fundadora y la del profesor más famoso. Una noche, una estudiante *traviesa* salió *a escondidas* de su dormitorio y pintó sobre el suelo, entre ambos pedestales, *huellas de pasos* de mujer y de hombre que se encuentran en la *glorieta* y se hacen el amor a medianoche. Después se fue a *esperar* la reacción del resto del colegio. Cuando *al* día siguiente fue a gozar la broma, vio que las huellas habían sido lavadas y que las manos de la estatua de la fundadora *le habían quedado algo sucias* de pintura.

that of
mischievous
secretly
footprints

arbor
await
the

(in spite of an attempt to wash them they were still somewhat dirty)

El gato de Cheshire (Buenos Aires: Edit. Losada, 1965).

ejercicios

A. Choose the appropriate word(s) from the column on the right and make any necessary changes.

1. El _____ en Brighton es para señoritas.
2. Una de las _____ es de la fundadora.
3. Los amantes _____ en la glorieta a medianoche.
4. Las manos le quedaron algo _____ de pintura.
5. Había _____ de hombre y de mujer sobre el suelo.

sucio
decir
colegio
huella
estatua
encontrarse
señorita

B. Retell parts of the story using the following sequences.

1. jardín / colegio / estatuas
2. estudiante / salir / dormitorio / pintar / huella
3. mujer / hombre / encontrar / glorieta
4. ver / huellas / lavar

C. Translate the following sentences using the appropriate words from the list.

1. The founder's statue approaches the professor's statue.
2. The two meet in the garden's arbor.
3. They make love at midnight.
4. She painted women's footprints on the ground.
5. Someone washed off the prints.

pintó
socorrer
se acerca
lavó
se encuentran
decir
se hacen el amor
huellas

D. Answer in Spanish.

1. ¿Dónde hay dos estatuas?
2. ¿Cómo salió la estudiante traviesa?
3. ¿Qué pintó ella en el suelo?
4. ¿A qué hora se encuentran?
5. ¿Al día siguiente, ¿qué vio la estudiante?
6. ¿Cómo le habían quedado las manos a la estatua de la fundadora?

E. Narrate a brief tale in the first person using the following items.

jardín	suelo	pintura
casa	medianoche	cómico
hay / había	salir a	lavar
pintar	estatua	broma
huella	estudiante	mano

Example: (Yo) salí al jardín...

capítulo 2

vocabulario activo

mientras *while*
interrogar *to ask, to interrogate*
llevar(se) *to take along, to lead*
pieza *room*
cielo *heaven, sky, ceiling*
vista *eyes, sight*
dar a *to face, to lead to*
entretecho *attic, garret*
susurrar *to whisper*

José Leandro Urbina (1948–) nació en Chile. Vive ahora en Ottawa, Ontario, Canada. Escribe cuentos para niños y es profesor de la universidad. Este cuento y el siguiente vienen de su colección *Las malas juntas.*

POINTS TO CONSIDER

1. Although the theme of this story can be universal, how does it possibly tie in with the situation existing in the author's native country?
2. The simplicity and absolute honesty of the child contrasted with the political reality of the situation depicted.

Padre nuestro que estás en los cielos

JOSÉ LEANDRO URBINA

Mientras el sargento interrogaba a su madre y a su hermana, el capitán *se llevó* al niño, *de una mano*, a la otra pieza.

    —¿Dónde está tu padre? —preguntó.

    —Está en el cielo —susurró él.

    —*¿Cómo?* ¿Ha muerto? —preguntó *asombrado* el capitán.

    —No— dijo el niño—. Todas las noches baja del cielo a comer con nosotros.

    El capitán *levantó la vista* y descubrió la *puertecilla* que daba al entretecho.

Las malas juntas (Ottawa: Ediciones Cordillera, 1978).

took / by the hand

What? / astonished

looked up
trapdoor

ejercicios

A. Retell parts of the story using the following sequences.
1. sargento / interrogar / madre
2. capitán / llevar / mano / niño
3. noche / bajar / cielo / comer / nosotros
4. capitán / levantar / vista / descubrir / puerta

B. Reenact the interrogation using the items given.
1. el capitán – estar, padre
2. el niño – estar, cielo
3. el capitán – morir
4. el niño – noche, bajar, cielo, comer, nosotros

C. Translate the following sentences using the appropriate words from the reading.
1. My father is in heaven.
2. Has he died?
3. He comes down to eat with us.
4. The captain looked up and saw the trapdoor.
5. The sergeant was interrogating the mother.

D. Associations. Which words from the left column can be associated with words on the right?

sargento	bajar
entretecho	cielo
mirar	interrogar
muerto	puerta
preguntar	pieza
entrar	descubrir
ver	levantar la vista
descender	capitán

Padre nuestro que estás en los cielos **9**

E. Answer in Spanish.
  1. ¿Qué hacía el sargento?
  2. ¿Quién se llevó al niño? ¿Cómo lo hizo?
  3. ¿Dónde está el padre, según el niño?
  4. ¿Cómo sabemos que no está muerto el padre?
  5. ¿Dónde pasa los días el padre?

F. Using the story as a model, relate a personal/created experience employing some or all of the items that follow.

el cielo   entretecho
muerto   levantar la vista
llevarse   susurrar
mirar

capítulo 3

vocabulario activo

el **amanecer**   *dawn*
mandíbula   *jaw*
tratar con   *to speak with, to speak to*
ceja   *eyebrow*
dama   *lady*
recordar   *to remember*
terminar (de)   *to finish*
aproximarse a   *to approach*
temblar   *to tremble*
muslo   *thigh, leg*
oído   (inner) *ear*
carcelero   *jailer*
ayer   *yesterday*

POINTS TO CONSIDER

1. Fear and determination.
2. Sarcasm on the part of both the inquisitor and of the lady.

Retrato de una dama

JOSÉ LEANDRO URBINA

A la luz del amanecer, filtrándose tímida por la ventana, *se compuso con esmero* el vestido. Una de sus uñas limpió a las otras. *Untó la yema* de los dedos con saliva y *alisó* sus cejas. *Cuando* terminaba de ordenarse el cabello escuchó a los carceleros venir *por* el pasillo.

Frente a la sala de *interrogatorios*, recordando el dolor, le temblaron los muslos. Después la *encapucharon y cruzó la puerta*. Allí dentro estaba la misma voz del día *anterior*, los mismos pasos del día anterior que se aproximaron a la silla *trayendo la voz hasta pegarla a su oído*.

—¿*En qué* estábamos ayer, señorita Jiménez?

—*En que* usted *debía* recordar que está tratando con una dama—dijo ella.

Un *golpe le cruzó* la cara. Sintió que *se desgarraba* la mandíbula.

—¿En qué estábamos, señorita Jiménez?

—En que usted debía recordar que está tratando con una dama—dijo ella.

Las malas juntas (Ottawa: Ediciones Cordillera, 1978).

By

she carefully straightened / She moistened the tip / smoothed / As

down

interrogation

they covered her with a hood / she entered / before

speaking right against her ear / Where

That / ought

blow / struck / tore

ejercicios

A. Retell parts of the story using the following segments.
1. luz / amanecer / componer / vestido
2. escuchar / carcelero / venir / pasillo
3. tener / miedo / temblar / muslos
4. carcelero / aproximarse / silla / voz / oído
5. en / estar / ayer / señorita
6. usted / recordar / tratar / dama

B. Answer in Spanish.
1. ¿Qué hora era al comenzar el cuento?
2. ¿Qué hizo la protagonista para prepararse?
3. ¿Cuándo oyó ella venir a los carceleros?
4. ¿Cómo sabemos que ella tenía miedo?
5. ¿Qué hacen los carceleros para que ella no pueda ver?
6. ¿Está muy cerca o está lejos el interrogador?
7. ¿Qué hacía el interrogador el día anterior?
8. ¿Con quién trata el interrogador, según ella?

C. Associations. Which words from the left column can be associated with words on the right?

día	cara
luz	ventana
puerta	día anterior
ayer	hablar
tratar con	golpear
cruzar la cara	amanecer
mandíbula	dama
cejas	

D. Translate the following sentences using the appropriate words from the reading.
1. She straightened out her dress by the light of dawn.
2. With one nail she cleaned the other nails.
3. Her thighs shook because she was afraid.
4. The man approached her and spoke right next to her ear.
5. Where were we, miss?
6. You are talking to a lady.

E. Ask someone else the following questions using the patterns in the reading.

    1. Are your legs trembling?
    2. Where were we yesterday?
    3. With whom are you dealing?

F. Relate a personal/fictitious experience using the items that are given.

amanecer	miedo
tratar con	silla
aproximarse	carcelero
puerta	vestido
ventana	dama

capítulo 4

vocabulario activo

mandar *to have or make someone do something*
laberinto *labyrinth*
perder; perderse *to lose; to get lost*
la **corte** *court*
hacer burla de *to make fun of*
el **huésped** *guest*
hacer *to have, to make, to create*
socorro *help*
dar con *to come across, to find*
dar a conocer *to make known*
escalera *stairs*
muro *wall*
tener a bien *to see fit to*

Jorge Luis Borges (1899–1986) nació en Buenos Aires, Argentina, donde hizo sus primeros estudios. Pasó varios años en Europa donde obtuvo el título de bachiller en el Colegio de Ginebra, Suiza. En 1921 regresó a Buenos Aires donde fundó una serie de importantes revistas literarias: *Prisma* (1921–22), *Proa* (1922–23) y *Martín Fierro* (1924–1927).

Publicó importantes colecciones de poemas (*Fervor de Buenos Aires,* 1923; *Luna de enfrente,* 1925; *Cuaderno San Martín,* 1929), ensayos (*Inquisiciones,* 1925; *Otras inquisiciones,* 1952) y cuentos (*Historia universal de la infamia,* 1935; *Ficciones,* 1944; y *El Aleph,* 1949). Fue director de la Biblioteca Nacional y profesor de literatura inglesa en la Universidad de Buenos Aires. En 1957 ganó el Premio Nacional de Literatura y en 1961 compartió con Samuel Beckett el Premio Internacional Formentor. Borges está considerado como uno de los más grandes escritores y pensadores de la lengua española.

POINTS TO CONSIDER

1. Comparison of the two labyrinths.
2. He who laughs last laughs best.

Los dos reyes y los dos laberintos

JORGE LUIS BORGES

Cuentan los hombres dignos de fe (pero *Alá* sabe
más) que en los primeros días *hubo* un rey de las
islas de Babilonia que congregó a sus arquitectos
y magos y les mandó construir un laberinto tan
perplejo y sutil que los varones más prudentes no
se aventuraban a entrar, y *los que* entraban se
perdían. Esa *obra* era un escándalo, porque la
confusión y la maravilla son *operaciones propias*
de Dios y no de los hombres. *Con el andar del
tiempo* vino a su corte un rey de los árabes, y el
rey de Babilonia (para hacer burla de la simplicidad de su huésped) lo hizo penetrar en el laberinto, donde *vagó afrentado* y confundido hasta
la declinación de la tarde. Entonces imploró socorro divino y dio con la puerta. Sus labios *no
profirieron* queja *ninguna*, pero le dijo al rey de
Babilonia que él en Arabia tenía un laberinto
mejor y que, si Dios *era servido*, *se lo daría a
conocer* algún día. Luego regresó a Arabia, juntó
sus capitanes y sus *alcaides* y *estragó* los reinos
de Babilonia con tan *venturosa fortuna* que derribó sus castillos, *rompió* sus gentes e hizo cautivo
al mismo rey. Lo *amarró* encima de un camello
veloz y lo llevó al desierto. *Cabalgaron* tres días, y
le dijo: —¡O, rey del tiempo y substancia y *cifra*
del siglo!, en Babilonia me *quisiste* perder en un
laberinto de bronce con muchas escaleras,
puertas y muros; ahora *el Poderoso ha tenido a
bien que te muestre el mío*, donde no hay escaleras que subir, ni puertas que forzar, ni fatigosas
galerías que recorrer, ni muros *que te veden el
paso*.

Luego le *desató* las ligaduras y lo abandonó
en mitad del desierto, donde murió de *hambre* y
de *sed*. La gloria *sea* con *Aquel* que no muere.

El Aleph (Buenos Aires: Emecé Editores, 1957).

Allah
there was

those who
work, piece of work
deeds expected
With the passage of
time

he wandered ashamed

he didn't utter
any

willing / he would
make it known to him

governors / he ravaged
good luck
defeated
fastened
They rode
reigning figure
you tried

the Almighty has seen
fit for me to show
you mine

that block your way

untied
hunger
thirst / be / Him

---

ejercicios

A. Choose the appropriate word from the column on the right and make the necessary changes.

1. El laberinto tenía muchos _____.
2. Un rey de los árabes imploró _____ divino.
3. El rey quiso perder al árabe en un _____.
4. La confusión es operación propia de _____.
5. Lo llevó al _____.
6. Los que entraban en el laberinto se _____.
7. El rey de los árabes vino a su _____.
8. Les _____ construir un laberinto.
9. Hizo a su _____ penetrar en el laberinto.
10. Hubo un _____ de las islas de Babilonia.

socorro
Dios
laberinto
huésped
hombre
desierto
rey
hacer burla de
perder
dar a conocer
escalera
mandar
muro
corte

B. Give the feminine form of each of the following nouns.

1. dios
2. rey
3. huésped
4. hombre
5. chiquito
6. vecino
7. dependiente
8. indio
9. novio
10. ladrón

C. Choose the word from the lists at the right which corresponds to each definition.

1. persona real
2. persona que viene a visitar
3. pared alta
4. lugar seco
5. resentimiento, disgusto
6. ayuda
7. un lugar enredado
8. pensar que es buena idea
9. lugar donde manda el rey
10. espíritu venerado

desierto
huésped
tener a bien
perder
laberinto
dios
escalera

corte
rey
dar a conocer
queja
socorro
muro
hacer burla de

D. Retell parts of the story using the following sequences.
1. rey / congregar / arquitectos / magos
2. confusión / maravilla / obra / Dios
3. rey / implorar / socorro / dar / puerta
4. rey / amarrar / camello / llevar / desierto

E. Answer in Spanish.
1. ¿Qué mandó construir el rey de las islas de Babilonia?
2. ¿Por qué era un escándalo esa obra?
3. ¿Quién vino a la corte del rey de Babilonia?
4. ¿Qué le hizo al rey de los árabes el rey de Babilonia?
5. Cuando el rey de los árabes regresó a su país, ¿qué hizo?
6. ¿Adónde llevó al rey de Babilonia?
7. ¿Cuántos días cabalgaron?
8. ¿Qué le dijo el rey de los árabes al rey de Babilonia cuando estaban en el desierto?
9. ¿Quién es el Poderoso?
10. ¿Quién muere al final de este cuento?

F. Using the items below, describe a labyrinth.

laberinto	muro
desierto	perder(se)
socorro	dar con
escalera	rey

capítulo 5

vocabulario activo

distinto *different*
meterse en *to go into*
cintura *waist*
el **cinturón** *belt*
nido *nest*
robar *to steal*
madera *wood*
romper *to break, to tear*
la **cicatriz** *scar*
mancharse *to become stained*
plata *silver*
el **pupitre** *student desk*
terciopelo *velvet*
bordado *embroidered*
despegar *to detach, to unglue*
hasta *until, up to*
feo *homely, ugly*

Ana María Matute (1926–) es una autora española de cuentos, viñetas y novelas. Escribe especialmente de niños y de la guerra demostrando una gran sensibilidad (*sensitivity*) femenina y maternal. El breve cuento que se incluye es de *Los niños tontos* (1956) y en él muestra Matute que es una excelente observadora de la niñez y de la co-existencia de lo real y lo maravilloso.

POINTS TO CONSIDER

1. Is the protagonist a typical child?
2. The combination of the real and the marvelous.

El otro niño

ANA MARÍA MATUTE

Aquel niño era un niño distinto. No se metía en el río, *hasta* la cintura, *ni* buscaba nidos, ni robaba la fruta del hombre rico y feo. Era un niño que no amaba ni *martirizaba* a los perros, ni los llevaba *de caza* con un fusil de madera. Era un niño distinto, que no perdía el cinturón, ni rompía los zapatos, ni llevaba cicatrices en las rodillas, ni se manchaba los dedos *de* tinta morada. Era otro niño, otro, *que* nadie vio *nunca, que* apareció en la escuela de la señorita Leocadia, sentado en el último pupitre, con su *juboncillo* de terciopelo *malva*, bordado en plata. Un niño que *todo lo miraba* con *otra mirada*, que no decía nada porque *todo lo tenía dicho*. Y cuando la señorita Leocadia *le vio los dos dedos de la mano derecha unidos, sin poderse despegar, cayó de rodillas,* llorando, y dijo: «*¡Ay de mí*, ay de mí! ¡El niño *del* altar estaba triste y ha venido a mi escuela!»

up to / nor did he ...

abused

hunting

with

whom / ever / who

small jacket
light purple / looked at everything / other eyes
he had said everything
saw the two fingers of his right hand joined / unable to be separated / she fell on her knees
Oh, my! (exclamation of surprise and awe)

Los niños tontos (Barcelona: Destino Editorial, S.A., 1956).

ejercicios

A. Fill in the blank with the appropriate word, in its correct form, from the column on the right.

1. El pupitre del niño estaba hecho de _____.
2. Alrededor de la cintura, el niño llevaba un _____.
3. El juboncillo de _____ estaba bordado en _____.
4. El niño distinto estaba sentado en el último _____.
5. El niño no robaba _____ del hombre rico y _____.

distinto
cintura
dedo
cinturón
feo
amar
zapato
miedo
sueño
nido
madera
bordado
terciopelo
plata
pupitre
caballo
fruta

B. Choose the word from the column on the right that corresponds to the definition on the left.

1. no como los otros niños
2. lugar donde sentarse a escribir
3. cada mano tiene cinco
4. el hogar del pájaro
5. el pupitre es de este material
6. está alrededor del cuerpo
7. episodio común durante el dormir
8. metal bonito y fino
9. muchos niños tienen esto en las rodillas
10. emoción común en los niños

dedo
pupitre
terciopelo
nido
plata
cintura
sueño
amo
distinto
madera
cicatriz
miedo
bordado
despegar

C. Using the verbs from the first column and the nouns from the second, describe what kind of child the protagonist was.

meterse	nido
buscar	fruta
robar	animal
martirizar	cicatriz
perder	dedo
romper	fusil de madera
llevar	zapatos
mancharse	cinturón
	río

D. Answer in Spanish.
1. ¿Era igual a los otros el protagonista?
2. ¿Dónde no se metía?
3. ¿Qué ropa llevaba el niño?
4. ¿Dónde se sentó el niño en la escuela?
5. ¿Cómo tenía los dedos este niño?

capítulo 6

vocabulario activo

cerro *hill*
el **maíz** *corn*
el **frijol** *bean*
cosecha *harvest*
hacer falta *to be lacking*
cielo *sky, heaven*
la **nube** *cloud*
gota *drop*
soplar *to blow*
granizo *hail*
huerta *vegetable garden*
el **árbol** *tree*
dejar *to leave behind*
el **hambre** *hunger*
ponerse a *to begin to, start to*
sembrar *to sow*
echar al buzón *to throw into the mailbox*
la **fe** *faith*
tinta *ink*
mojar *to wet*
el **ladrón** *thief*
el **timbre** *stamp*

Gregorio López y Fuentes (1897–1966) nació en Veracruz, México. Gran poeta y novelista, escribió una de las novelas indianistas clásicas *El indio* que refleja las bajas condiciones sociales del indio mexicano y que demuestra la influencia de los muralistas de su país. «Una carta a Dios» pertenece a la colección llamada *Cuentos campesinos de México* (1940). En toda esta colección, López y Fuentes muestra su inquietud social, presentando a sus personajes campesinos, indios y soldados, con la esperanza de llamar la atención de la nación hacia su humilde situación social y económica. El protagonista de este cuento es de carácter simple y bonachón pero su absoluta fe en Dios no impide que reconozca las debilidades de sus congéneres.

POINTS TO CONSIDER

1. Faith and distrust in human relationships.
2. The role of irony as seen in the surprise ending.

Una carta a Dios

GREGORIO LÓPEZ Y FUENTES

La casa —*única* en todo el valle— estaba en un cerro *como* pirámide. Desde allá *se veían* las vegas, el río y la *milpa*. Entre las matas del maíz, *se veía* el frijol con su florecilla morada que prometía una buena cosecha. *Lo único* que hacía falta a la tierra era una lluvia.

Durante la mañana, Lencho *no había hecho más que* examinar el cielo por el noreste.

—Ahora *sí que viene la lluvia*, vieja.

Y la vieja, que preparaba la comida, le respondió:

—*Dios lo quiera.*

—Los muchachos más grandes *limpiaban de hierba* la siembra, *mientras que* los más pequeños jugaban cerca de la casa, hasta que la mujer les gritó a todos:

—Vengan a comer...

Fue durante la comida cuando, como había dicho Lencho, comenzaron a caer *gruesas* gotas de lluvia. *Por* el noreste se veían grandes montañas de nubes.

Imagínense, muchachos —exclamaba el hombre—, que no son gotas de agua *las que* están cayendo: son monedas nuevas, las gotas grandes son *de a diez* y las gotas chicas son de a cinco...

Pero, de pronto, comenzó a soplar un fuerte viento y con las gotas de agua comenzaron a caer granizos tan grandes como *bellotas*. Los muchachos, exponiéndose a la lluvia, jugaban y recogían los granizos más grandes.

Durante una hora, el granizo *apedreó* la casa, la huerta, el *monte*, la milpa y todo el valle. El campo estaba muy blanco *debido al* granizo. Los árboles sin hojas y el maíz destruido. El frijol, sin una flor. Lencho, *pasada* la tormenta, decía a sus hijos:

—El granizo no ha dejado nada... La noche *fue* de lamentaciones:

—¡Todo nuestro trabajo, perdido!

—¡Quién nos ayudará!

—Este año *pasaremos* hambre...

the only one

like a / one could see

cornfield

could be seen

The only thing

had done nothing other than

the rain *is* coming

May God be willing.

weeded

while

thick

In

those that

ten-centavo ones

acorns

stoned

pasture

due to

after

was one

we'll go

Pero en aquella casa solitaria en mitad del valle, había una esperanza: la ayuda de Dios.

—No te mortifiques tanto, aunque el mal es muy grande. ¡Recuerda que nadie *se muere* de hambre!

—Eso dicen: nadie se muere de hambre...

Lencho era hombre del campo pero sabía escribir. Con la luz del día y *aprovechando* que era domingo, se puso a escribir una carta que él *mismo* llevaría al pueblo para *echarla al correo*.

Era nada menos que una carta a Dios.

«Dios —escribió—, si no me ayudas pasaré hambre con toda mi familia durante este año: necesito cien pesos para *volver a sembrar* y vivir mientras viene la otra cosecha, pues el granizo...»

Escribió en el sobre «A Dios», fue al pueblo y, en la oficina de correos, le puso un *timbre a* la carta y la *echó* en el buzón.

Un empleado, que era cartero, llegó riendo ante el jefe de correos: le mostraba la carta *dirigida* a Dios. El jefe, hombre gordo y bueno, también se puso a reír pero, bien pronto, se puso serio y dijo:

—¡La fe! ¡*Quién tuviera* la fe de *quien* escribió esta carta! ¡Creer como él cree! ¡Esperar con la *confianza* con que él sabe esperar! ¡Tener correspondencia con Dios!

El jefe postal concibió una idea: *contestar* la carta. Pero una vez abierta, vio que necesitaba algo más que buena *voluntad*, tinta y papel. Necesitaba dinero. Pidió ayuda a sus empleados y todos contribuyeron con algo.

Pero fue imposible para él reunir los cien pesos *solicitados* por Lencho y sólo *pudo* enviar algo más de la mitad. Puso los billetes en un sobre dirigido a Lencho y con ellos un *pliego* que *no tenía más que* una palabra, como *firma*: Dios.

Al *siguiente* domingo Lencho llegó al correo para ver si había carta para él. El *repartidor* le dio la carta, mientras que el jefe, con la alegría de

Marginal glosses:
dies
taking advantage
himself / to mail it
to seed again
stamp / on
put
addressed
Who could have / he who
trust
answer
will
asked for / managed
sheet of paper / only had / signature
following
sorter

quien ha hecho una buena *acción, espiaba a través de* un vidrio, desde su *despacho.*

someone who / deed / spied through / office

Lencho no mostró la *menor* sorpresa al ver los billetes pero hizo un gesto de *cólera* al contar el dinero... ¡Dios no podía *haberse equivocado!*

least

anger

have made a mistake

Inmediatemente, Lencho *se acercó* a la ventanilla para pedir papel y tinta. Se puso a escribir, demostrando mucho el esfuerzo que hacía. Después, fue a pedir un timbre que *mojó* con la *lengua* y luego puso en el sobre.

approached

moistened

tongue

En cuanto la carta cayó al buzón, el jefe de correos fue a *recogerla.* Decía:

As soon as

retrieve it

«Dios: Del dinero que te pedí, *sólo llegaron a mis manos* sesenta pesos. *Mándame* el resto, que me hace mucha falta; pero no me lo mandes por correo, porque los empleados *son muy ladrones.* —Lencho.»

I only got

Send me

are a bunch of thieves

Cuentos campesinos de México (México: Editorial Cima, 1940).

ejercicios

A. Choose the appropriate word from the column on the right and make any necessary changes.

1. Lencho echó la carta en el _____.
2. La lluvia caía en grandes _____.
3. El jefe de _____ primero rió.
4. ¡Quién tuviera la _____ de Lencho!
5. «Este invierno pasaremos _____», dijo Lencho.
6. Mientras los muchachos _____, la lluvia terminó.
7. «¡Vengan a _____!» gritó la vieja.
8. _____ escribir una carta a Dios.
9. Estos empleados son unos _____.
10. El _____ era tan grande como bellotas.

hambre
ladrón
se puso a
frijol
correos
jugar
Dios lo quiera
comer
dejar
buzón
fe
gotas
escribir
granizo

B. Write a verb that corresponds to each of the following nouns.

1. comida
2. lluvia
3. juego
4. trabajo
5. siembra
6. creencia
7. robo
8. granizo

C. Choose the word from the list on the right which corresponds to each description.

1. el aire que sopla
2. líquido oscuro para escribir
3. el espacio sobre la tierra
4. una planta con tronco
5. lluvia en forma de bellotas
6. una persona que roba
7. lo que sentimos si no comemos
8. correspondencia entre dos personas
9. creer y tener confianza
10. el lugar que envía y recibe cartas

hambre
gota
nube
fe
ladrón
tinta
cielo
correo
huerta
viento
granizo
carta
árbol

D. Answer in Spanish.
1. ¿Dónde estaba la casa de Lencho?
2. ¿Qué hacía falta en el valle?
3. En vez de lluvia, ¿qué cayó?
4. ¿Qué hizo el granizo?
5. ¿A quién se puso a escribir Lencho?
6. ¿Dónde echó la carta Lencho?
7. ¿Qué dijo el jefe de correos cuando vio la carta de Lencho?
8. ¿Cuál fue la idea del jefe de correos?
9. ¿Cuánto dinero quería Lencho y cuánto recibió?
10. ¿Cuál es la opinión que Lencho tiene de los empleados de correo?

E. Write a brief letter using the items included below.

jefe	escribir
carta	tinta
dólar	mojar
poner	timbre (sello, estampilla)
papel	lápiz
echar al buzón	
sentarse	

capítulo 7

vocabulario activo

el **pastor**   *shepherd*
cerro   *hill*
suave   *soft, smooth*
rebaño   *flock, herd*
vecino   *neighbor*
crío   *baby*
molestar   *to bother*
el **rapaz**   *young boy, ruffian*
lágrima   *tear*
ternura   *tenderness*
sonreír   *to smile*
quemadura   *burn*
amargado   *embittered*
ganado   *flock, herd*
prender fuego   *to light, to set fire*
apagar   *to put out, to extinguish*
encendido   *on fire*
llama   *flame*

Concha Espina (1877–1955), escritora española de gran mérito, cultivó varios géneros literarios—el cuento, la poesía, el drama y la novela. El cuento incluido aquí demuestra claramente su sentimentalismo, su habilidad en la descripción realista y la calidad impresionista que hace de esta narrativa casi un poema.

POINTS TO CONSIDER

1. The character of the protagonist contrasted with that of the flock which he watches.
2. The creation of an outwardly rough but inwardly gentle male protagonist by a female author.

Lágrimas del valle

CONCHA ESPINA

Se llama Querube este pastor.

Uno diría que tal nombre sublime iba a ser el de un niño angelical, de rubio pelo y ojos celestiales.

Pues no es así; es él un hombrón de edad indefinida, *ya no* joven, *huraño* de carácter, feo de cara, con largos cabellos. — *no longer / shy*

No es un pastor manso, *de* leyenda, que sabe *romances* y canta *villancicos*; no es de esos que llevan todos los días el rebaño desde el valle hasta el cerro, y vive un poco en el mundo, y busca, a veces, los suaves caminos de la *mies*. Es un ser *adusto* y *montaraz* y desciende a la vega muy raras veces; tiene los ojos como distantes; tiene un *rudo* corazón que ama con salvaje tenacidad la montaña, y es feliz en la silvestre altura, entre la *mansedumbre* de los rebaños. — *as in* — *popular poems / carols* — *fields of grain* — *stern / untamed* — *unpolished* — *gentleness*

Si quiere cambiar de panorama, conoce deliciosos lugares que le ofrecen refugio amistosamente. Y si alguna obligación le lleva al llano, baja *molesto* y *hosco*, huye de los vecinos y no le gustan las gallinas que *picotean* en el corral de su hermana. — *annoyed / surly* — *peck*

Muchas veces, *en broma*, le dicen: — *jokingly*

—¿Por qué no te casas, Querube?

Y *suele responder con fiero ademán* y acento duro: — *he usually answers / in an angry way*

—¡Si los críos en caso de hambre *se pudieran matar* para comerlos!... — *could be killed*

La gente asegura que este *montañés* es un *desalmado*, capaz sólo de vivir entre animales. — *mountaineer* — *heartless*

La hermana de Querube tiene cuatro hijos y cuando él baja a la aldea una vez al año, ella *procura* que los chicos no le molesten; pero ellos le buscan y le *acosan*: el hombre gruñe; los niños ríen. — *does her best to see* — *beset*

Hoy el dueño del ganado que custodia el pastor le avisa que baje para llevar algunas vacas a la feria; *con mal gesto* obedece. — *grudgingly*

Los animales tienen que *pasar* la noche en el *soto* para continuar el camino con la aurora, y a — *spend* — *grove la media tarde* ya suenan las *esquilas* del rebaño con su fresco rumor en el valle.

Tiempo de primavera. Está el aire caliente y *oloroso*; en el campo nuevo *se mecen* con dulzura los narcisos y las orquídeas blancas; toda la pradera, *extendida* hacia el río, es un lujoso tapiz, blando como el sueño, lleno de aromas y color.

Un grupo de rapaces *amontona* con mucha diversión *el rozo de un helguero en la linde misma* de la ribera, y prende fuego a las *árgomas* dóciles, listas a extender su llama por toda el área.

En medio de las *risas infantiles* surge *de repente* un grito de terror; los rapaces se escapan y *se deja ver a una pobre criatura* que, con las ropas encendidas, huye locamente, gira *sin rumbo*, como un globo de fuego, y cae, por fin, en la tierra, *sin dejar de arder.*

Los *alaridos* de todos los rapaces llegan al vecindario, alarmando a las madres, y la hermana del pastor recibe un *tremendo* aviso: la criatura en llamas es su hija, la mayor, una linda chica de siete años.

Corre allá con terror la mujer y encuentra a Querube inclinado con terrible ansiedad sobre la niña, cuyas ropas arden aún.

No se sabe cómo se apareció allí, *de rodillas* en la *tierra llana*, nunca amada por él, apagando con esperanza temblorosa los vestidos en llamas de la inocente. Pero se sabe que en aquel minuto raro de su vida, él reza con los labios y *tiene lágrimas nuevas* en los ojos. Se sabe que sus grandes manos encallecidas exhiben una milagrosa ternura para *librar* a la mártir del tormento; *se le ve* quitarse la blusa y envolver en ella el cuerpo inerte, levantarle en los brazos y conducirle con infinita *solicitud al través de* las praderas, hasta la casa.

La niña *logra* abrir los ojos y sonreír a Querube antes de volar al cielo.

Y *se queda* el pastor herido de una pena que le hace llorar por horas, sin sentir las quemaduras de las manos.

Al fin, Querube se levanta y vuelve, resonante y brusco, a su paciente rebaño que se encuentra en el monte. Y Querube solloza, amargado para siempre el corazón por las eternas lágrimas del valle...

Florilejio de cuentos españoles (New York: Macmillan, 1961).

ejercicios

A. Retell parts of the story using the following sequences.
1. Querube / pastor / feo / cabello
2. pastor / cuidar / rebaño / cerro
3. Querube / huir / vecinos / estar / ganado
4. Querube / llorar / amargado / volver / cerro
5. rapaz / prender / fuego / escapar

B. Select the one word which does not seem to belong with the other three.
1. rebaño   ganado   llama   pastor
2. ternura   feo   suave   corazón
3. lágrima   cerro   llorar   amargado
4. apagar   encender   fuego   suave
5. crío   niño   rapaz   rebaño

C. Complete the sentence on the left with the appropriate items from the column on the right.

1. Querube era _____ de cara y tenía un rudo _____ .
2. El rapaz _____ _____ a las árgomas.
3. La pobre criatura, con la ropa _____ , huyó locamente.
4. Querube, muy triste, _____ al contemplar a la criatura que tanto sufría.
5. El pastor, con mucha _____ , llevaba a la pobre criatura en brazos.
6. El _____ de ovejas habitaba el _____ de la región.

rebaño
ternura
feo
valle
lloró
fuego
apagada
amor
corazón
hermoso
encendida
prendió

D. Answer in Spanish.
1. Describa al pastor Querube.
2. ¿Cómo *no* era Querube?
3. Para demostrar cuán (*how*) fiero era, ¿qué decía Querube?
4. ¿Qué estación es en el cuento y qué nos indica esto?
5. ¿Por qué gritan de terror los rapaces?
6. ¿Cómo demuestra Querube sus emociones después del accidente?
7. ¿Qué hace la criatura antes de morir?
8. ¿Cómo queda (*is left*) Querube al final del cuento?

Lágrimas del valle   **37**

capítulo 8

vocabulario activo

acera   *sidewalk*
sombra   *shade, shadow*
rostro   *face*
tocar   *to touch*
oler   *to smell*
el **paquete**   *package*
bolsa   *bag*
canasto   *basket*
soñar   *to dream*
solía (soler)   *would, used to*

José Donoso (1924–   )   nació en Santiago, Chile. Fue
la «oveja negra» de su familia pero desde joven se interesó
por la literatura inglesa y norteamericana. Comenzó
como cuentista; desde 1957 lleva escritas casi una docena
de novelas, un poco de poesía y hasta una obra de
teatro, a fines de 1982. «China» es el primer cuento que
publicó el autor. Se le considera como el escritor
contemporáneo más sobresaliente de Chile.

POINTS TO CONSIDER

1. The reason for the usage of the word "China."
2. The relationship between the protagonist and "China." What
   do you think is meant by the change in the protagonist's
   attitude toward "China"?

China

JOSÉ DONOSO

Por un lado el muro gris de la Universidad. Enfrente, la agitación *maloliente* de las *cocinerías* alterna con la tranquilidad de las tiendas de libros de segunda mano. Más allá, las casas *retroceden* y la acera *se ensancha*. Al caer la noche, es la parte más agitada de la calle.

On one side
bad-smelling / eating
 joints

recede

widens

Como todas las calles, ésta también es pública. Para mí, *no siempre lo fue*. Mantuve que yo era el único *ser* extraño que tenía *derecho* a aventurarse entre sus luces y sus sombras.

it wasn't always so
being / the right

Cuando pequeño, vivía yo en una calle *cercana*. Allí, había poca gente y era un mundo enteramente distinto. Una tarde, *sin embargo*, acompañé a mi madre a la otra calle. Buscábamos unos *cubiertos* que sospechábamos una *empleada* había *sustraído* para *empeñarlos*. Era invierno y había llovido. *Oscurecía*.

When I was / nearby

nevertheless

silverware / servant
 (Chile)
taken / pawn them
It was dusk

Al entrar por la calle, un tranvía *vino sobre nosotros con estrépito*. Busqué refugio cerca de mi madre. *Yo llevaba los ojos* muy abiertos. Yo quería mirar todos los rostros que pasaban junto a mí, tocarlos y olerlos pues *me parecían* maravillosamente distintos. Muchas personas llevaban paquetes, bolsas, canastos y *toda suerte* de objetos misteriosos. Mi madre rio, diciendo:

brushed by us
noisily

My eyes were

they seemed to me

all sorts

—*¡Por Dios,* esto es como en la China!

My!

No recuerdo qué pasó *con lo de* los cubiertos pero esta calle *quedó marcada* en mi memoria como algo fascinante, distinto. Era la libertad, la aventura. En casa, yo pensaba en «China», el nombre con que bauticé esa calle.

with the matter of
was engraved

Un día propuse a Fernando, mi hermano menor: —¿Vamos a «China»?

Sus ojos brillaron. Creyó que íbamos a jugar. *Lo tomé cuidadosamente de la mano y nos dirigimos a* la calle con que yo soñaba. Por fin alcanzamos la primera cuadra de mi calle.

I took him carefully
by the hand / we
 went towards

—*Aquí es* —dije, y sentí que mi hermano *se apretaba a mi cuerpo*.

This is it / was
 drawing very close to
me

Fernando preguntó:

—¿Y por qué *es* «China» aquí?

Me sentí perdido. De pronto, *no supe cómo contentarlo.* Vi *decaer* mi prestigio ante él. Mi hermano jamás volvería a creer en mí. — Vamos al *«Zurcidor Japonés»* —dije— *Ahí sí que es* «China».

Fuimos a esa tienda y *permanecimos detenidos* ante la cortina metálica del «Zurcidor Japonés».

Se sintió un ruido en el interior. Salió un hombre pequeño y *enjuto,* amarillo, de ojos *tirantes. Pasó a lo largo* y nos sonrió. *Lo seguimos con la vista* hasta que dobló por la calle *próxima.*

Enmudecimos. Pasó un vendedor de *algodón de dulce* y yo compré dos porciones y le ofrecí una a mi hermano. Él me *agradeció* con la cabeza y volvimos a casa lentamente.

Los años pasaron. «China» *solía* volver con la imaginación. Poco a poco comencé a olvidar. Más tarde *ingresé* a la Universidad. Compré *gafas de marco oscuro.*

En esa época, solía volver a esa calle. Pero *ya no* era mi calle. Ya no era «China» aunque nada en ella había cambiado. No recuerdo *haber* mirado *ni una sola vez* el letrero del «Zurcidor Japonés».

Más tarde *salí del país.* Un día, *a mi vuelta,* pregunté a mi hermano, quien era estudiante en la Universidad, dónde podía comprar un libro que me interesaba. Sonriendo, Fernando me respondió: —En «China»...

Y yo no comprendí.

Glosses:
- is it
- I found myself unable to make him happy / fall
- Japanese Darner / There it really is
- remained stopped
- We heard
- thin / slanted / He went on by / We followed him with our eyes / next
- We became silent / cotton candy
- thanked
- would sometimes
- entered / dark-framed glasses
- no longer
- having
- not even once
- I went abroad / upon my return

Los mejores cuentos (Santiago: Zig-Zag, 1966).

ejercicios

A. Choose the appropriate word from the column on the right and make the necessary changes.

1. Donde las casas retroceden la _____ se ensancha.
2. Al caer la noche, las _____ eléctricas producen muchas _____.
3. «China» era una _____ llena de _____ interesantes.
4. «China» era un mundo enteramente _____.
5. El protagonista quería mirar todos los _____ pues eran maravillosamente _____.
6. La _____ que caminaba por «China» llevaba _____, _____ y _____.
7. Con los años, «China» _____ volver a su imaginación.

Rostro
paquete
luz
calle
gente
distinto
acera
rostro
distinto
canasto
sombra
bolsa
solía
volvía

B. Arrange the following words in groups of at least two to show some association between them. For example: *calle—avenida.*
diferente imaginar calle oler canasto tienda
luz tocar cara rostro acera avenida distinto
soñar bolsa ver mercado sombra paquete

C. Create sentences using the following series of words.
1. gente / llevar / paquetes / bolsas
2. «China» / calle / pública
3. luz / sombra / acera
4. cuando / niño / él / soler / pensar / «China»

D. Answer in Spanish.
1. Mientras que hay agitación en las cocinerías, ¿qué existe en las tiendas de libros de segunda mano?
2. ¿Dónde vivía el niño protagonista con relación a «China»?
3. ¿Con quién fue el niño por primera vez a «China»?
4. ¿Cuál fue la razón de esta primera incursión en ese mundo distinto?
5. ¿Qué deseaba hacer el niño al ver los rostros distintos que veía?

6. ¿Quién le dio el nombre de «China» a esta calle? ¿Por qué usó este nombre?
7. ¿A quién llevó el niño en su próximo viaje a «China»?
8. ¿Quién es la persona que confirma para los dos niños que «China» es realmente distinta y maravillosa?
9. Con los años, ¿qué le ocurre al protagonista en cuanto a *(concerning)* «China»?
10. Cuando al final, su hermano le menciona la calle «China», ¿cuál es la reacción del protagonista?

E. Using the items below, recreate what "China" is to the two young protagonists.

yo	paquete	aventura
ojo	bolsa	libertad
abierto	«China»	oler
rostro	fascinante	tocar
distinto	calle	preguntar
cambiar	soñar	comprar
tranvía		

capítulo 9

vocabulario activo

desde *since, from the time*
entonces *then*
los **dulces** *sweets*
llegar a ser *come to be*
crecer *to grow*
gallina *chicken*
sonreír *to smile*
delante de *in front of*
a la derecha *to the right*
encontrar *to find;*—**se** *to find oneself*
hasta (que) *until*

Rubén Darío (1867–1916)   nació en Metapa,
Nicaragua, pero vivió en varios países de Latinoamérica
y en España. Considerado como el poeta máximo de la
lírica contemporánea, Darío influyó mucho sobre todas
las literaturas en la lengua española. Fue el líder del
modernismo, movimiento literario que él originó en
América.

POINTS TO CONSIDER

1. Is Juan Bueno a "good" man? What, do you believe, is his
problem?
2. Does Darío sympathize with his character?

Las pérdidas de Juan Bueno

RUBÉN DARÍO

Érase un hombre que se llamaba Juan Bueno. Se llamaba así porque desde chico, cuando *le pegaban un coscorrón* por un lado, *presentaba* la cabeza por otro lado. Sus compañeros le *despojaban de* sus dulces y bizcochos y, cuando llegaba a su casa, sus padres *a pellizcos, uno a otro le ponían hecho* un San Lázaro. Así *fue* creciendo hasta que llegó a ser hombre. ¡Cuánto sufrió el pobrecito Juan! *Le dieron las viruelas* y no murió, pero *quedó* con la cara como si en ella una docena de gallinas hubieran picoteado. Estuvo *preso* por *culpa* de otro, un Juan Lanas. Todo lo sufría con paciencia. Todo el mundo, cuando lo veía, decía: ¡Allá va Juan Bueno!, y *soltaba la risa*. Al fin, llegó el día en que se casó.

Once upon a time there was / they gave him a rap on the head / he'd present / took away from him

by pinching him / one or the other / left him like / he continued

He got smallpox

he was left

jailed

fault

would laugh

Una mañana, *vestido con manto* nuevo, sonriente, *de* buen humor, salió el señor San José *de paseo* por el pueblo en que vivía y *padecía* Juan Bueno. *Al pasar* por una calle oyó unos lamentos y encontró a la mujer de Juan Bueno, *pim, pam, pum, magullando* a su infeliz *consorte*. ¡Alto! —gritó el padre del divino *Salvador*— ¡Delante de mí no hay escándalos!

dressed in a robe

in a

strolling / suffered

On passing by

(sounds of beating)

beating up on / husband / Saviour

Así fue. Se calmó todo. Juan Bueno le refirió a San José todas sus *cuitas* y él le dijo:

—*No tengas cuidado*. Ya cesarán tus penas. Yo te ayudaré *en lo que pueda*. Ya sabes, cuando me necesites, *en* la parroquia, en el altar a la derecha.

So it was.

problems

Don't worry.

any way I can

(I will be)

Juan *quedó* contentísimo. San José fue, desde entonces, su *paño de lágrimas*: Juan pedía todo y todo le era *concedido*.

Un día, Juan llegó con la cara muy *afligida*.

—Se me ha perdido —gimoteó— una *taleguilla* de plata que tenía. Quiero *que me la encuentres*.

was

a shoulder to cry on

granted

sad

small bag

you to find it for me

—Aunque esas son cosas que corresponden a *Antonio*, haré lo que pueda. *(St. Anthony of Padua, usually invoked to find lost articles)*

Y así fue. Cuando Juan volvió a casa, encontró la taleguilla. En muchas otras ocasiones, *fue igual*. *(the same happened)*

Hasta que en una ocasión el Santo no se encontraba *con* muy buen humor y apareció Juan Bueno con la cara *hecha* un tomate y la cabeza como una *anona*. *(con: in a; hecha: like; anona: custard-apple)*

—Hum, hum —*hizo* el Santo. *(exclaimed)*

—Señor, vengo a pedir un nuevo favor. *Se me ha ido mi mujer,* y *como* eres tan bueno... *(my wife has left me; como: since)*

San José *alzó* el *bastón* florido y *dándole* a Juan *en medio de* las dos orejas, le dijo con voz *airada*: *(raised / cane / smacking / across / angry)*

—¡*Anda* a buscarla al *infierno, zopenco*! *(Go / hell / blockhead)*

Cuentos completos (Mexico: Fondo de Cultura Económica, 1950).

ejercicios

A. Choose the appropriate word from the column on the right and make the necessary changes.

1. ———— chico, Juan Bueno presentaba la ———— por otro lado.
2. Cuando ———— a casa, le pellizcaban los padres.
3. El pobre Juan ———— preso por culpa de otro.
4. ¡———— no hay escándalos!—dijo el padre del Salvador.
5. A Juan le dieron las viruelas pero no ————.
6. Se me ha perdido la taleguilla de plata. Quiero que me la ————.
7. ———— en una ocasión, el Santo no quiso ayudar más a Juan.
8. Juan le ———— favores al Santo cuando ———— en dificultades.

delante de mí
pedir
desde
encuentres
gallina
llegar
hasta que
estar
perdido
morir
cabeza
encontrarse
a la derecha

B. True or false.

1. Juan Bueno era víctima de todos.
2. Cuando llegó a ser hombre, le dieron las viruelas y murió.
3. Juan era un hombre de mucha paciencia.
4. Juan fue el paño de lágrimas del Santo.
5. El Santo se encontraba en un altar de la parroquia.

C. Arrange the following words in groups of at least two to show some logical association between them. For example: *perder —encontrar*.

buscar morir nacer encontrar salir querer pedir
orejas volver cara llegar cabeza crecer recibir

D. Answer in Spanish.

1. ¿Por qué es que el protagonista se llama Juan Bueno?
2. ¿Qué hacían sus compañeros?
3. Después de que le dieron las viruelas, ¿cómo le quedó la cara?
4. ¿Cómo llegó a conocer Juan Bueno a San José?
5. ¿Qué promesa le hizo San José a Juan Bueno?
6. ¿Cuál fue la primera cosa que le pidió Juan al Santo?

7. ¿Quién, según San José, era el santo al que corresponden las cosas perdidas?

8. ¿Quién dejó la cara de Juan como un tomate?

9. ¿Cuál es la última queja de Juan?

10. ¿Qué hace San José, al fin, con Juan Bueno?

E. Retell part of the story using the following items.
Juan / ir / parroquia / buscar
Santo / altar / derecha
Santo / decir / necesitar / yo / ayudar
Santo / decir / Juan / ser / zopenco

capítulo 10

vocabulario activo

enterrar *to bury*
selva *jungle*
el **tigre** *tiger*
cachorro *cub, pup*
golpear *to knock*
ocultar *to hide*
mientras *while*
sabio *wise*
la **sangre** *blood*
extraño *strange*
asustar *to frighten*
el **bosque** *the woods*
rama *branch*
cuerpo *body*
raya *stripe, line*
quemar *to burn*
dirigirse a *to turn to (someone or something)*

Horacio Quiroga (1878–1937) es considerado por muchos como el más grande cuentista de Hispanoamérica. Aunque nació en el Uruguay, vivió la mayor parte de su vida en la provincia de Misiones, en el norte de la Argentina. Sus cuentos reflejan la fuerte influencia de Edgar Allan Poe y describen lo que el autor mejor conoció: la vida en la selva y los rigores de los hombres que viven en ella. Sobresalen por su penetración psicológica y por las vivas emociones que se definen en ellos. El autor estudia la psicología de los animales y demuestra que éstos son los verdaderos héroes de los cuentos. Resultan ser más humanos que los mismos hombres. Sus *Cuentos de amor, de locura y de muerte* (1917) lo acreditan como gran cuentista; sus *Cuentos de la selva* (1917) lo hacen digno de comparación con el maestro Rudyard Kipling.

POINTS TO CONSIDER

1. The author's attitude toward man and beast.
2. "Juan Darién": a children's story or an adult's story?

Juan Darién

HORACIO QUIROGA

Una vez, a principios de otoño, la *viruela* visitó un pueblo de un país lejano y mató a muchas personas. Los hermanos perdieron a sus hermanitas, y las *criaturas* que comenzaban a caminar *quedaron* sin padre ni madre. Las madres perdieron a sus hijos. Una pobre mujer joven y viuda enterró a su hijito, el *único* que tenía en el mundo. Ahora estaba sola.

En la selva había muchos animales feroces que *rugían* toda la noche. Y la pobre mujer de repente vio una cosa chiquita que entraba por la puerta como un gatito. La mujer *se agachó* y levantó en las manos un tigrecito de pocos días, con los ojos todavía cerrados. El cachorro *runruneó de contento* porque ya no estaba solo. La mujer llevó al animalito a su seno y lo *rodeó* con las manos. El tigrecito sintió el calor del pecho y *se acomodó*. Poco después se durmió.

La mujer entró en la casa contenta sintiendo que *ante* la suprema ley del Universo, una vida *equivale* a otra. Y *dio de mamar* al tigrecito. El cachorro estaba salvado y la madre había encontrado consuelo. Pero ella tenía miedo de que otra gente *llegara a saber* del tigrecito.

Un día, un hombre que pasaba *por cerca* de la casa oyó un pequeño y *ronco gemido* que atemorizó a este hombre. Se detuvo y golpeó fuertemente a la puerta de la casa. La mujer trató de ocultar al tigrecito para salvarlo del hombre. Mientras buscaba dónde esconderlo, *se la apareció* una mansa, vieja y sabia serpiente. *Ésta* le dijo:

—*Nada temas*, mujer. Tu amor de madre ha salvado a tu hijo. De ahora *en adelante* tendrá forma humana. Enséñale a ser bueno y *ve* a la puerta.

La madre creyó a la serpiente porque en todas las religiones de los hombres la serpiente conoce el misterio de las vidas que *pueblan* los mundos. Fue, pues, corriendo a abrir la puerta, y el hombre furioso, entró con el revólver en la

smallpox

*very young children /
were left*

only one

roared

reached down

purred out of happiness
held

made itself comfortable

before
*is equivalent /
breast-fed*

might find out
near
hoarse whimper

there appeared to her
She

Fear not
on
go

inhabit

mano y buscó por todas partes sin hallar nada. Cuando salió, la mujer abrió, temblando, el *rebozo* bajo el cual ocultaba al tigrecito sobre su seno, y en su lugar vio a un niño que dormía tranquilo. Lloró largo rato en silencio sobre su salvaje hijo *hecho hombre*; lágrimas de gratitud que doce años más tarde ese mismo hijo *debía pagar* con sangre sobre su tumba.

shawl

who turned into a man
was to pay

Pasó el tiempo. Al nuevo niño *se le puso* Juan Darién. La madre le *proporcionó* todas sus necesidades trabajando día y noche para él. Ella lo quería mucho y Juan Darién era, *efectivamente, digno* de ser querido: noble, bueno y generoso como *nadie*.

was given the name
provided

truly
worthy
no other

Juan Darién iba a la escuela con los chicos de su edad y ellos *se burlaban* a menudo de él, a causa de su pelo *áspero* y su timidez.

made fun
coarse

Cuando Juan iba a *cumplir* diez años, su madre murió. El niño sufrió mucho, hasta que el tiempo *apaciguó* su pena. Pero fue *en adelante* un muchacho triste, que sólo deseaba *instruirse*.

to reach the age of

abated / from then on
educate himself

A Juan Darién no lo amaba el pueblo porque el niño era estudioso y muy generoso y todos *sospechaban* estas cualidades suyas.

suspected

El pueblo iba a celebrar una gran fiesta, y de la ciudad distante habían mandado *fuegos artificiales*. En la escuela *se dio un repaso general* a los chicos, pues un inspector debía venir a observar las clases. Cuando el inspector llegó, el maestro *hizo dar* la lección al primero de todos: a Juan Darién. Juan Darién era el alumno *más aventajado*; pero con la emoción del caso, *tartamudeó* y la lengua se le *trabó* con un sonido extraño. El inspector le preguntó al maestro:

fireworks
a general review was given

had recite
most outstanding
stuttered
stammered

—¿Quién es ese muchacho?

—Se llama Juan Darién—respondió el maestro—y lo *crió* una mujer que ya ha muerto; pero nadie sabe de dónde ha venido.

raised

—Es extraño, muy extraño... —murmuró el inspector, observando el pelo áspero y el reflejo *verdoso* que tenían los ojos de Juan Darién cuando

greenish

estaba en la sombra. Él sabía que en el mundo hay cosas mucho más extrañas que *las* que uno puede inventar y por esta razón decidió *averiguar* quién era el niño Juan Darién. El inspector subió a la *tarima* y habló así:

—Bueno. Deseo ahora que uno de ustedes nos describa la selva. ¿Cómo es la selva? ¿Qué *pasa* en ella? Esto es lo que quiero saber. Vamos a ver, tú—*añadió* dirigiéndose a un alumno cualquiera—. Sube a la tarima y cuéntanos *lo que hayas* visto.

El chico subió, *y aunque* estaba asustado, habló *un rato*. Dijo que en el bosque hay árboles gigantes, *enredaderas* y florecillas. Después habló otro chico y dos o tres más. Aunque todos conocían bien la selva, respondieron lo mismo, porque los chicos y muchos hombres no cuentan lo que ven, *sino* lo que han leído sobre lo que *acaban de ver*. Al fin el inspector dijo:

—Ahora *le toca al alumno Juan Darién.* Cierra los ojos y dime lo que ves en la selva.

—No veo nada—dijo Juan.

—Pronto vas a ver. Imagínate. Son las tres de la mañana. Hemos concluido de comer, por ejemplo... Estamos en la selva, en la oscuridad... ¿Qué ves?

De pronto Juan Darién *se estremeció,* y con voz lenta, *como si soñara*, dijo:

—Veo las piedras que pasan y las ramas que se doblan... Y el suelo... Veo las hojas secas en la tierra...

—¡Un momento!—le interrumpió el inspector—Las piedras y las hojas que pasan ¿a qué *altura* las ves?

Y Juan Darién, *siempre* con los ojos cerrados, respondió:

—Pasan sobre el suelo... *Rozan* las orejas... las hojas sueltas se mueven con el aliento... y siento la humedad del barro en... — *Su voz se cortó.*

¿*En dónde?*—preguntó con voz firme el inspector—¿Dónde sientes la humedad del agua?

—¡En los bigotes!—dijo con voz ronca Juan Darién, abriendo los ojos con espanto.

Los alumnos no dijeron nada y miraron a Juan, cuya cara estaba pálida.

those (*things*)
find out

platform

happens
added
what you might have

even though
a while
vines

but rather / have just seen

it is student Juan Darién's turn

shuddered
as if he were dreaming

height
still

they brush by

He stopped speaking abruptly / Where?

La clase había concluido. El inspector no era un mal hombre; pero, como todos los hombres que viven muy cerca de la selva, odiaba *ciegamente* a los tigres. Por eso, dijo en voz baja al maestro:

— Es necesario matar a Juan Darién. Es una fiera del bosque, posiblemente un tigre. Debemos matarlo, porque si no, él, tarde o temprano, nos matará a todos. Pero, no podemos hacerlo mientras tenga forma humana. Conozco a un *domador de fieras* y lo llamaré. Él forzará a Juan Darién a volver a su cuerpo de tigre.

Juan, quien sentía sólo amor hacia todos los hombres, no comprendía por qué todos empezaban a *hablar mal* de él. Nadie le hablaba o miraba y lo seguían desde lejos *de* noche.

— *¿Qué tendré?* ¿Por qué son así conmigo?— se preguntaba Juan Darién.

La misma tarde de la fiesta, mientras Juan se preparaba la pobre sopa que tomaba siempre, llegó a su casa mucha gente y lo *apresó*, llevándoselo a casa del domador.

— ¡Aquí está! ¡Es un tigre! ¡*Muera* Juan Darién!—gritaban todos.

Juan lloraba, protestando su inocencia. Apareció el domador, con sus grandes botas de *charol*, *levita* roja y un *látigo* en la mano. *Se puso* frente a Juan.

— ¡Ah! —exclamó— ¡te reconozco bien! ¡Te estoy viendo, hijo de tigres! ¡Bajo tu camisa estoy viendo las rayas del tigre! ¡*Quítenle* la camisa y llamen a los perros! ¡Ellos sabrán que eres tigre y no hombre!

Le arrancaron la camisa a Juan y lo *arrojaron* dentro de la jaula para las fieras. Y cuatro feroces perros de caza fueron lanzados dentro de la jaula.

Pero los perros sólo vieron al buen muchacho Juan Darién y movían la cola apaciblemente al olerlo.

La prueba no había tenido éxito.

— ¡Muy bien! —exclamó entonces el domador—Éstos son perros bastardos, *de casta de tigre*. No le reconocen. Pero yo te reconozco, Juan Darién.

El domador entró en la jaula y con el látigo

blindly

wild animal tamer

speak ill

at

What's wrong with me?

seized

Death to

patent leather / frock coat / whip / He stood

Take off

They ripped off / threw

of the same ilk of tigers

cruzó una y otra vez el cuerpo del muchacho diciéndole repetidamente:

—¡Tigre! ¡Muestra *las* rayas!

    your

—¡Por favor! ¡Me muero!—*clamaba* Juan Darién.

    cried out

—¡Muestra las rayas!—le decían. Por fin el *suplicio* concluyó. En el fondo de la jaula, *arrinconado*, sólo *quedaba* el cuerpecito sangriento del niño, que había sido Juan Darién.

    torture / in a corner
    remained

Lo *sacaron* de la jaula y empujándolo *por* el medio de la calle, lo *echaron* del pueblo.

    took out / down
    threw out

En *las afueras* del pueblo, una mujer estaba parada a la puerta de su casa *sosteniendo* a una inocente criatura. Juan Darién, *al caer* al suelo cerca de ella, *tendió sus manos* hacia ella buscando *apoyo*. La mujer gritó:

    outskirts
    holding
    as he was falling
    held his hands
    support

—¡*Me ha querido robar a mi hijo!* ¡Ha *tendido* las manos para matarlo! ¡Es un tigre! ¡Matémosle antes que él mate a nuestros hijos!

    He tried to take my son from me! / reached out

No era necesaria otra acusación. Apareció el domador y ordenó:

—¡Quemémoslo en los fuegos artificiales!

Ya comenzaba a oscurecer. En la plaza habían levantado un castillo de fuegos artificiales. Ataron *en lo alto* del centro a Juan Darién, y *prendieron la mecha* desde un *extremo*. Rápidamente el fuego creció.

    at the highest point
    they lit the fuse / end

—¡Es tu último día de hombre, Juan Darién!—clamaban todos—¡Muestra las rayas!

—¡*Perdón*, perdón!—gritaba el niño, *retorciéndose* entre las *chispas* y el humo—. ¡Yo soy hombre!—*alcanzó* a decir el pobre cuando su cuerpo *se sacudió* convulsivamente; sus gemidos se volvieron profundos y roncos y su cuerpo comenzó a cambiar poco a poco *de* forma. La *muchedumbre*, con un grito salvaje de triunfo, *pudo* ver por fin, bajo la piel del hombre, las rayas negras, paralelas y *fatales* del tigre.

    Forgive me / writhing
    sparks
    managed
    shook
    in / crowd
    was able
    inescapable

Cuando *se apagó* el fuego, la gente arrastró el cuerpo del tigre que había sido Juan Darién hasta el bosque y ahí quedó.

    went out

Pero el tigre no había muerto. Con la frescura de la noche *volvió en sí* y poco a poco, durante un mes, descansó y curó sus heridas. Todas *cicatrizaron* por fin, menos una, una profunda quema-

    came to
    healed

dura en *el costado*, que no cerraba, y que el tigre vendó con grandes hojas. — his side

Había conservado de su forma recién perdida tres cosas: el recuerdo *vivo* del pasado, la *habilidad* de las manos, que usaba como un hombre, y el lenguaje. Pero *en el resto*, absolutamente en todo, era una fiera. — vivid / dexterity ... in everything else

Un día en que se sintió completamente *curado de* sus heridas, llamó *a reunión* a todos los tigres de la selva. Todos *treparon* a *diversos* árboles a esperar. Al fin apareció por el camino un hombre de grandes botas y levita roja. — recovered from ... together ... climbed / several

El tigre, sin mover una ramita, saltó sobre el domador y lo *derribó desmayado*. Lo cogió entre los dientes por la cintura, y, sin *hacerle daño*, lo llevó hasta el *juncal*. El tigre dijo entonces: — knocked down / unconscious ... harming him ... stand of reeds

—Hermanos: Yo viví doce años entre los hombres, como uno de ellos. Esta noche rompo el último *lazo* que me une a los hombres y al pasado. — bond

Después de estas palabras, cogió al hombre en la boca y trepó con él a lo más alto del *cañaveral*. Ahí lo *dejó* atado entre dos bambúes. Luego prendió a las hojas secas y rápidamente el fuego creció. — reeds ... left

—¡Perdón, perdóname!—aulló el domador, retorciéndose—¡Perdón, Juan Darién!

—Aquí no hay nadie que se llama Juan Darién. *Éste* es un nombre de hombre y aquí somos todos tigres. — It

Las llamas habían *abrazado* el castillo hasta el cielo. Allá arriba se veía un cuerpo negro que se quemaba *humeando*. — enveloped ... smoking

El nuevo tigre se dirigió a sus compañeros y les dijo: —Sólo me queda una cosa *por* hacer—Y se dirigió al pueblo. Se detuvo ante un pobre y triste jardín. Saltó la pared y caminó hasta llegar ante un *pedazo de tierra* donde estaba enterrada la mujer a quien había llamado madre. *Se arrodilló* —se arrodilló como un hombre— y habló así: — still ... plot of earth ... he knelt

—¡Madre, tú sola comprendiste que el hombre y el tigre *se diferencian únicamente por* el corazón! Tú me enseñaste a amar, a comprender, a *perdonar*. Madre, soy tu hijo siempre. ¡Adiós, madre mía! — are different only / in ... to forgive

Desde *el fondo de* la noche *se oyó el estam-pido de un tiro.*

— Es en la selva —dijo el tigre a sus compañe-ros— Son los hombres. Están cazando, matando, *degollando.*

El tigre se quitó la venda que tenía sobre la herida en el costado y con su *misma* sangre aña-dió al nombre de su madre, en la cruz de la tumba:

y

Juan Darién

— Ya estamos *en* paz —dijo—. Y ahora, a la selva. ¡Y tigre para siempre!

Cuentos (México: Editorial Porrúa, 1968).

the depths / was heard the sound of a shot

slitting throats

own

at

ejercicios

A. Choose the appropriate word from the column on the right and make the necessary changes.

1. El domador murió _____ en el cañaveral.	cuerpo
2. El _____ del muchacho se retorcía entre las llamas.	sangre
	extraño
3. La viuda _____ al cachorro bajo su rebozo.	asustado
	rayas
4. El tigrecito _____ contento en los brazos de su nueva madre.	dirigirse
	mientras
5. Juan estaba muy _____ del domador y su látigo.	golpear
	dormirse
6. La muchedumbre continuaba gritándole a Juan—¡Muestra las _____!	tener miedo
	ocultar
7. Este cuento de niños y tigres es ciertamente _____.	quemado
	maestro
8. El inspector _____ a Juan y le preguntó: —¿Cómo es la selva?	bosque
	perro
9. En el _____ hay muchas fieras salvajes.	llorar
10. La gente _____ a Juan con látigo.	

B. Choose the word from the list at the right which corresponds to each definition.

1. Al madurar el cachorro se vuelve	perder
2. partes de un árbol	tigre
3. prender fuego a una cosa	maestro
4. lo contrario de encontrar	selva
5. un tigre muy joven y chico	sangre
6. se encuentran en el cuerpo del tigre	ramas
7. la persona que enseña en la escuela	rayas
8. la acción de poner bajo la tierra	tener miedo
9. un animal que usan para cazar al tigre	cachorro
10. lugar donde hay fieras salvajes	perro
	sabio
	enterrar
	quemar

C. Choose the items from the right-hand column that are the logical result of the items on the left.

1. tener miedo
2. cachorro que crece
3. fuego
4. herida
5. oculto

tigre
sangre
asustado
no visto
preguntar
mientras
quemado

D. Answer in Spanish.

1. ¿Cuál fue la causa de la muerte de tanta gente en el pueblo?
2. ¿A quién perdió la mujer joven y viuda?
3. ¿Qué entró a la casa de la mujer?
4. ¿Qué transformó al cachorro en niño?
5. ¿Cómo era el niño Juan Darién?
6. ¿Qué deseaba hacer Juan en la vida?
7. ¿Por qué sospecha el inspector de que Juan es una fiera salvaje?
8. ¿Qué cosa confirma para el inspector que Juan es un tigre?
9. ¿Qué tiene Juan Darién debajo de la camisa, según cree el domador?
10. ¿Qué le gritan el domador y la gente a Juan Darién?
11. Cuando queman el niño en el fuego, ¿qué ocurre?
12. Después de un mes, ¿cómo está el nuevo tigre?
13. Aunque era tigre ahora, ¿qué tenía de hombre todavía?
14. ¿Qué hizo el nuevo tigre con el domador?
15. ¿Cuál es la única persona a quién ama todavía el tigre?

E. Retell parts of the story using the items below.

1. cuando / domador / pegar / cuerpo / niño / volverse / tigre / raya
2. cachorro / tigre / volverse / niño / amor / mujer / madre
3. niño / tener miedo / inspector / preguntar / ver / bosque / caminar / sentir / bigote

capítulo 11

vocabulario activo

nacer *to be born*
el **bebé** *baby*
criatura *baby, infant*
semejanza *similarity*
la **piel** *skin*
oscuro *dark*
rubio *blond*
moreno *dark-complexioned, dark-haired*
nacimiento *birth*
parto *birth, parturition*
enfermera *nurse*
calvo *bald*
parecido *similar, similarity*
embarazo *pregnancy*
callarse *to be quiet*
alumbramiento *birth*
claro *clear, light* (in color)
querer *to want, to love*
el **nombre de pila** *first* (Christian) *name*
el **dolor** *pain, sorrow*

Isabel Allende, chilena, nació en 1942. Ha trabajado como periodista y, en 1982, publicó su primera novela, *La casa de los espíritus*, aclamada y comparada temática y estilísticamente con la novela *Cien años de soledad* del colombiano Gabriel García Márquez, ganador del Premio Nobel. La selección que sigue es un extracto de la segunda novela de Allende, titulada *De amor y de sombra*, 1984.

POINTS TO CONSIDER

1. Reflect on the relative complacency of both mothers. Why, do you believe, do they take that attitude toward the switch and how would you react to the situation? Is such a switch likely or unlikely? Why?
2. The director's position regarding the switch: what is at stake for him? Why does he take such a position?

Las dos Evangelinas

ISABEL ALLENDE

Quince años habían transcurrido desde el día en que Evangelina nació en el hospital de Los Riscos, pero Digna podía recordarlo como si hubiera ocurrido recién. Habiendo *parido* tantas veces, *dio a luz* con rapidez y, *tal* como siempre hacía, *se alzó sobre* los codos para ver salir al bebé de su vientre, *comprobando* la semejanza con sus otros hijos: el pelo tieso y oscuro del padre y la piel blanca de la cual ella se sentía orgullosa. *Por eso,* cuando le llevaron una criatura envuelta en trapos y notó una *pelusa* rubia cubriendo su cráneo casi calvo, supo *sin lugar a dudas* que no era la suya. Su primer impulso fue rechazarla y protestar, pero la enfermera *tenía prisa, se negó* a escuchar razones, le puso el bulto en los brazos y *se retiró.* La niña empezó a llorar y Digna, con un gesto *antiguo como la historia,* abrió su camizón y *se la puso al pecho,* mientras comentaba con sus vecinas en *la sala común de la maternidad,* que seguramente había un error: ésa no era su hija. *Al terminar de amamantarla,* se levantó con alguna dificultad y fue a explicar el problema a la matrona del piso, pero *ésta* le respondió que estaba equivocada, nunca había sucedido algo así en el hospital, *atentaba contra* el reglamento *eso de andar cambiando a los niños.* Agregó que seguramente *estaba mal de los nervios y sin más trámite* le inyectó un líquido en el brazo. Luego la envió *de regreso* a su cama. Horas después Digna Ranquileo despertó con la bulla de otra parturienta en el *extremo opuesto* de la sala.

—¡Me cambiaron a la niña! —gritaba.

Digna explicó que había traído al mundo a una criatura morena y le entregaron otra de pelo amarillo sin el menor parecido con sus hijos. ¿Qué pensaría su marido al verla?

El director del establecimiento *se indignó:* ignorantes, desconsideradas, en vez de *agradecer*

Glosses (right margin):
- given birth
- gave birth / just
- rose up on
- thus proving to herself
- For that reason
- peach fuzz hair
- without a doubt
- was in a hurry / refused to
- she left
- as old as history itself
- put her to her breast
- maternity ward
- Once she'd finished nursing her
- she (*the matron*)
- went against / that idea of switching babies
- she was suffering from a case of nerves / without further ado
- back
- other end
- became indignant
- being thankful

que las atiendan *me arman un alboroto.* Las dos mujeres *optaron por* callarse y esperar una mejor ocasión. Digna estaba arrepentida de haber ido al hospital y *se acusaba de lo ocurrido.* Hasta entonces todos sus hijos *nacieron* en la casa, con la ayuda de Mamita Encarnación, quien controlaba el embarazo desde los primeros meses y aparecía *la víspera* del alumbramiento, *quedándose* hasta que la madre *pudiera ocuparse* de sus quehaceres. Esa mujer pequeña, ágil, envuelta en un *aroma inmutable de humo y espliego,* ayudaba a nacer a casi todos los críos de la zona *desde hacía más de veinte años.*

Los primeros meses después del nacimiento de Evangelina, Digna Ranquileo lamentó su *infortunio* y pensó en un castigo del cielo *por acudir* al hospital en vez de quedarse en su casa. *Parirás con dolor,* decía claramente la Biblia y así *se lo había recordado el Reverendo.* Pero luego comprendió los *designios del Señor.* Esa criatura rubia de ojos claros tal vez significaba algo en su destino. Con la ayuda espiritual de la Verdadera *Iglesia Evangélica,* aceptó la prueba y se dispuso a querer a esa niña, a pesar de sus *mañas.* A menudo recordaba a *la otra, la que* se llevó la comadre Flores y que *en justicia* le pertenecía. Su marido la consolaba diciendo que parecía más sana y fuerte y *seguro* se criaría mejor con la otra familia.

Después del parto, las dos madres intentaron reclamar a sus hijas, *asegurando* que las vieron nacer y *se dieron cuenta* del error por el color de sus cabellos, pero el director del hospital *no quiso oír hablar* de ese *tema y amenazó con enviarlas* a la cárcel *por levantar calumnias contra* la institución. Los padres sugirieron simplemente cambiar a las niñas y quedarse en paz, pero ellas no deseaban hacerlo *sin legalidad.* Decidieron quedarse *provisoriamente* con la que tenían en brazos hasta aclarar el embrollo ante la autoridad, pero después de una huelga del *Servicio de Salud* y un incendio del *Registro Civil,* donde el personal fue reemplazado y desaparecieron los

they raise a ruckus on me / decided to

reproached herself for what had happened / had been born

on the eve / staying
could take care

permanent aroma of smoke and lavender / for over twenty years

misfortune
because she'd come
You'll suffer in childbirth / had reminded her the pastor
the Lord's plan

Evangelical Church (a Protestant sect)

traits
the other (baby) / the one that / justly

surely

testifying
they realized
refused to hear anything / subject / threatened to send them / for slander against

without the legal proprieties / provisionally

Health Department
Register of Records

archivos, *se les acabó la esperanza de obtener* | their hopes of obtaining justice were dashed
justicia. Optaron por criar a las niñas ajenas
como si fueran propias. Aunque vivían *a escasa* | as if they were their own / not very far away / opportunities
distancia tenían pocas *ocasiones* de encontrarse,
pues sus vidas eran muy aisladas. Desde el co-
mienzo *acordaron llamarse mutuamente* co- | they agreed to call each other
madre y dar a las criaturas el mismo nombre de
pila, *por si alguna vez* recuperaban el apellido | just in case / at some time / as soon as
legítimo. También les contaron la verdad *apenas* | anyway
alcanzaron la edad de comprender, porque *de* | sooner or later
todos modos tarde o temprano iban a enterarse. | story
Todo el mundo en la región conocía la *historia* de
las Evangelinas *cambiadas* y *no faltaría quien* | switched / there surely would be someone who would go to the girls with the tale
fuera con el chisme donde las muchachas.

De amor y de sombra (Barcelona: Plaza y Janés, 1984).

ejercicios

A. Use the following list of words to describe each of the two newly-born protagonists.

criatura	rubio	piel
semejanza	moreno	blanco
hijo	cabello	azul
pelo	pelo	claro
parecido	semejanza	oscuro

B. Choose the appropriate term from the list on the right and make any necessary changes.

1. Las dos Evangelinas tenían el mismo _____.
2. Una de las _____ tenía el pelo _____ y ojos _____.
3. El _____ de Digna fue, como dice la Biblia, con _____.
4. El bebé _____ en el _____ y no en la casa.
5. No había _____ entre la criatura y Digna.
6. Una mujer _____ al descubrir al bebé que tenía en su cama.
7. El hospital hizo un _____ de las dos criaturas.
8. La _____ es una mujer que trabaja en el hospital.

calvo
rubio
hospital
dolor
azul
nacer
criatura
cambio
nombre de pila
semejanza
piel
cama
enfermera
parto
gritar

C. Answer in Spanish.

1. ¿Cuánto tiempo había pasado desde el nacimiento de Evangelina?
2. ¿Qué hizo la madre para ver el nacimiento de su bebé?
3. ¿Cómo era la criatura que Digna vio nacer?
4. ¿A quién le explicó el problema Digna?
5. ¿Qué gritaba la otra madre?
6. ¿Quién ayudaba en los nacimientos que ocurrían en la casa?
7. ¿Cómo se dieron cuenta las madres del cambio de criaturas?
8. ¿Cuál fue la reacción del director del hospital?
9. ¿Qué decidieron hacer las dos madres con sus dos hijas?
10. Con el pasar de los años, ¿supieron las dos Evangelinas que había habido un cambio en el hospital?

D. Associations. Which words from the left column can be associated with words on the right? Write a short sentence with each associated pair of words.

	A.		**B.**
nacer	gritar	rubio	criatura
similar	nombre de pila	hospital	parto
cama	llorar	apellido	pelo
cabello	embarazo	moreno	cambiar
bebé	diferente	dolor	parecido
enfermera			

E. Rewrite a brief section of the story employing the words in the following list.

nombre de pila   moreno   cambiar   piel   ojos   pelo
padre   madre   bebé   azul   oscuro   criatura
rubio   nacer   mujer   hospital

Vocabulario

adj	adjective	*inter adv*	interrogative adverb
adv	adverb	*inter pron*	interrogative pronoun
conj	conjunction	*n*	noun
def art	definite article	*pl*	plural
exclam	exclamation	*pp*	past participle
f	feminine	*prep*	preposition
indef art	indefinite article	*pron*	pronoun
inf	infinitive	*reflex pron*	reflexive pronoun
interj	interjection	*rel pron*	relative pronoun

A

a *prep* to (also used to introduce a personal direct object)

abajo *adv* below

abandonar to abandon

la **abeja** bee

abierto *adj & pp* open, opened

el **abogado** lawyer

abortarse to be aborted; to fail

abrazar to embrace, to envelop

abrir to open

absoluto *adj* absolute

el **abuelo** grandfather; **abuelos** grandparents

abundar to abound, be plentiful

aburrido *adj & pp* bored, boring

el **aburrimiento** boredom

acabar to finish; **acabar de** + *inf* to have just

acariciar to fondle, caress

acaso *adv* maybe, perhaps

el **acaso** chance, accident; **por si acaso** just in case

la **acción** action

la **aceptación** acceptance, approval

aceptar to accept

la **acera** sidewalk

acercarse to approach, come near

acertar to hit the mark; to be right

aclaratorio *adj* clarifying

acometer to attack, assault

acomodado *adj* rich, well-to-do

acomodar to accommodate, put up

acompañar to accompany

acordar to agree

acordarse to remember

acorralar to corral, surround

acostarse to go to bed

acostumbrarse to get used to

la **actriz** actress

la **actualidad** actuality, present time

actualmente *adv* presently, nowadays

acudir to come, _____ **a una llamada** to answer a call

el **acuerdo** agreement; **ponerse de acuerdo** to agree

acurrucado *adj* curled up

la **acusación** accusation

acusarse to reproach oneself

acústicamente *adv* acoustically

adelantado *adj & pp*   advanced, early
adelantarse   to get ahead of oneself
adelante *adv*   ahead, **en** _____ henceforth
además *adv*   moreover
adiós *interj*   good-bye
adivinar   to guess, foretell
el **administrador**   administrator, manager
admirado *adj & pp*   astonished, admired
el **adobe**   unburnt brick dried in the sun
adolecerse   to be suffering from
adolescente *adj*   adolescent
¿adónde? *interj & adv*   where to; where
adorar   to adore
adúltero *adj*   adulterous
adusto *adj*   stern, severe
el **afecto**   affection
la **afición**   love, affection, fondness
afligido *adj*   sad, afflicted
afortunadamente *adv*   fortunately
afrentado *adj & pp*   shamed, insulted, affronted
afuera *adv*   outside
las **afueras**   outskirts
agacharse   to stoop
agarrar   to grasp, seize
ágil *adj*   agile
la **agitación**   turmoil, flurry
agitar   to agitate, disturb
agradable *adj*   pleasant
agradecer   to thank
agregar   to annex, add to, join, attach
agrícola *adj*   agricultural
el **agricultor**   farmer
el **agua** *f*   water

aguantar   to sustain; to bear, endure
ahí *adv*   there
ahogado *adj & pp*   suffocated, drowned
ahogar   to choke; to drown
ahora *adv*   now
el **ahorro**   frugality, saving
airado *adj*   angry
el **aire**   air
aislado *adj*   isolated
ajeno *adj*   alien, strange, foreign
al *prep*   upon
alabar   to praise
alarmado *adj & pp*   alarmed
alarmar   to alarm
el **alboroto**   tumult, hubbub, uproar; **armar un** _____ to raise a ruckus
el **alcaide**   governor of a castle, warden
el **alcalde**   mayor
alcanzar   to reach; to manage
alegrar   to make happy, gladden; **alegrarse**   to be glad, rejoice
alegre *adj*   happy, merry
alegremente *adv*   happily
la **alegría**   joy, happiness
alejarse   to go away from, move away
aletargado *adj*   lethargic, drowsy
algo *pron*   something; *adv*   somewhat
el **algodón**   cotton
alguien *pron*   someone
algun(o) *adj*   some, any; *pron*   someone
el **aliento**   breath
aligerado *adj & pp*   lightened, hastened
el **alimento**   food
el **alivio**   relief

el **alma** *f* soul, spirit
la **almendra** almond
  almorzar to eat lunch
el **alrededor** surroundings;
  alrededor de *prep*
  around
el **altar** altar
  alternar to alternate
  alto *adj* high, tall; *interj*
  stop
la **altura** height
el **alumbramiento** birth
el **alumno** pupil
  alzado *adj & pp* raised
  alzar to raise, lift
  allá *adv* there; **más allá**
  farther
  allí *adv* there
  amable *adj* kind, affable
  amado *adj & pp* loved
  amamantar to breastfeed
  amanecer to dawn; to
  wake up; el **amanecer**
  dawn, sunrise
el (la) **amante** lover
la **amapola** poppy
  amar to love
  amarillo *adj* yellow
  amarrar to tie
el **ambiente** environment,
  atmosphere
  ambos *adj & pron* both
el **amigo** friend
  amistoso *adj* friendly,
  kind
  amontonar to heap, pile
el **amor** love
el **anciano** old man
la **andanza** event, good or bad
  fortune
  andar to walk; el **andar**
  walking, passage
la **anécdota** anecdote
  anglosajón *adj & n*
  Anglo-Saxon
el **anillo** ring

el **animal** animal
el **ánimo** spirit, mind; courage
  anoche *adv* last night
  anochecer to grow dark,
  become night
la **anona** custard pie
  anónimo *adj* anonymous
  anotar to write down; to
  note, remark
  ante *adv & prep* before, in
  front of
  antes *adv* before; **antes**
  que *conj* before
  añadir to add
el **año** year
  apacible *adj* peaceful
  apaciguar to diminish, to
  lessen
  apagar to extinguish; to
  turn off (lights);
  apagarse to be
  extinguished
  aparecer to appear
la **apariencia** appearance
  apartar to part, separate
  apedrear to stone
el **apellido** last name, surname
  apenas *adv* hardly, scarcely
el **apoyo** support
  aprender to learn
  apresar to seize, to take
  prisoner
  apresurado *adj & pp* hur-
  riedly, quickly
  apresurarse to hurry up
  apretar to squeeze; to
  tighten
  aprovechar(se) to take
  advantage
  aproximarse to approach
la **apuesta** bet
  apurarse to worry; to
  hurry up
  aquél *pron* that one;
  aquella *adj* that;
  aquellas *adj* those

aquí *adv* here
el **árabe** Arab
el **árbol** tree
el **archivo** archive, file
la **Argentina** Argentina
el **argentino** Argentine
el **argumento** plot of a story
el **arma** *f* weapon
armarse to prepare oneself; to arm oneself
el **aroma** aroma, odor
el **arquitecto** architect
arrancar to rip off, pull off
arrastrar to drag
arrebatar to carry away; to snatch
arrepentido *adj* sorry
arriba *adv* above, up high
¡arriba! hurry up, hurrah; **de arriba abajo** from top to bottom
arrinconado *adj* in a corner
arrodillarse to kneel
arrojar to throw
el **arroyo** stream, brook
el **arte** *m & f* art; skill
el **artificio** contrivance, trick
artístico *adj* artistic
asaltar to assault; to occur suddenly
la **asamblea** assembly, group
así *adv* thus, in this way, like this; **así como** in the same way, just as, like
asistir to attend
asomarse to become visible, appear; to look out (of a window)
el **asombro** amazement
el **aspecto** aspect, manner, appearance
áspero rough
la **aspiración** aspiration
el **asunto** matter, affair, business

asustar to frighten
asustarse to be afraid
el **ataque** attack
atar to tie
atemorizar to frighten
atender to assist
atentar (contra) to go (against)
atraerse to be attracted
atrás *adv* backwards, past, behind
atravesar to cross, cross over
atreverse a to dare to
el **aula** *f* classroom
aullar to howl, scream
el **aumento** increase, magnifying
aun *adv* still, even, yet
aún *adv* yet, still
aunque *conj* although, though
la **aurora** dawn
la **ausencia** absence
ausente *adj* absent
el **auto** car
el **autor** author
la **autoridad** authority
la **avellana** hazelnut
la **avenida** avenue
aventajado *adj* outstanding, best
la **aventura** adventure
aventurarse a to venture, risk
averiguar to find out
ávidamente *adv* avidly, eagerly
avisar to warn; to inform; to advise
el **aviso** information, notice, warning
la **ayuda** help, aid
ayudar to help, assist
azotar to beat
azul *adj* blue

B

bajar(se) to go down, descend; to lower; to get out of a vehicle

bajo *prep* underneath, below, under; *adj* low

el **balcón** balcony

el **bambú** bamboo

la **banda** band

el **bandido** outlaw, bandit

la **barba** beard; chin

el **barranco** precipice, ravine, cliff

el **barrio** neighborhood

el **barro** mud

el **basquetbol** basketball

bastante *adj* enough, quite

bastar to be enough, suffice

el **bastardo** bastard, mongrel

el **bastón** cane

bautizar to baptize

beber to drink

la **belleza** beauty

bello *adj* pretty, beautiful

la **bellota** acorn

bendecido *adj & pp* blessed

el **beneficio** benefit, profit

besar to kiss

bíblico *adj* biblical

la **biblioteca** library

bien *adv* well

el **bigote** moustache, los **bigotes** whiskers; el **bigotazo** large moustache

el **billete** bill

el **bizcocho** biscuit

el **blanco** *adj* white; el **blanco** white man

la **blasfemia** blasphemy

la **boca** mouth

la **bocina** horn

la **bolsa** bag

el **bolsillo** pocket

bonito *adj* pretty

bordado *adj* embroidered

borracho *adj* drunk

el **bosque** woods, forest; el **bosquecillo** small forest

la **bota** boot

la **botica** pharmacy

el **boticario** pharmacist, druggist

bravío *adj* ferocious, savage

el **brazo** arm

breve *adj* brief, short

el **breviario** breviary

brillante *adj* brilliant, bright

el **brillante** diamond

brillar to shine

la **broma** joke

el **bronce** bronze

(de) bruces *adv* face downwards

bueno *adj* good

el **bulto** bundle

la **bulla** noise

la **burla** jest, mockery; **hacer burla de** to make fun of

burlar(se) to make fun

burlar to mock

buscar to look for

el **buzón** mailbox

C

cabalgar to ride (on an animal); to mount

el **caballero** gentleman

el **caballo** horse

la **cabaña** cabin

la **cabellera** long hair

el **cabello** hair

la **cabeza** head

el **cabo** tip, end; **al cabo de** at the end of; after

la **cacería** hunting-party, hunting

el **cachorro** cub, pup

cada *adj* each, every
el **cadáver** body, corpse
caer to fall
la **calamidad** calamity, misfortune
el **calendario** calendar; almanac
caliente *adj* warm, hot
calmar to calm down
calvo *adj* bald
el **calor** heat, warmth
callado *adj & pp* quiet, silent
callar to be silent
la **calle** street
la **cama** bed
cambiar to change
el **cambio** change; **en cambio** on the other hand
el **camello** camel
caminar to walk; to travel
el **camino** road, way
la **camisa** shirt, gown
el **camisón** nightgown
el **campamento** camp, field
el **campeón** champion
el **campesino** peasant; *adj* rural, country, rustic
el **campo** country, field
el **can** dog
el **canasto** basket
el **candado** padlock
cano *adj* gray-haired
cansado *adj & pp* tired
cansarse to get tired
cantar to sing
la **caña** sugar cane
el **caos** chaos
capaz *adj* capable
el **capitán** captain
la **cara** face
la **carabina** carbine
caracterizarse to be characterized
el **caramelo** caramel
la **cárcel** jail

cargar to burden; to load
el **cariño** love, affection, fondness
cariñosamente *adv* affectionately
caritativo *adj* charitable, loving
la **carne** meat, flesh
caro *adj* expensive
la **carrera** career
la **carretera** highway, main road
el **carro** car; cart
la **carta** letter
la **cartera** wallet
el **cartero** postman
la **casa** house
casado *adj & pp* married
casar(se) to marry; to get married
el **cascabel** rattling sound; jingle
casi *adv* almost
el **caso** case, situation
la **casta** caste, social rank
el **castellano** Castilian or Spanish language
el **castigo** punishment
el **castillo** castle
la **causa** cause; **a causa de** *prep* because of
el **cautivo** captive
la **caverna** cavern, cave
la **caza** game (hunting); **de —— ** hunting
el **cazador** hunter
cazar to hunt
la **cebolla** onion
celebrar to celebrate
celoso *adj* jealous
cenar to eat supper
cenceño *adj* thin, slender
cenizoso *adj* ash, gray
el **centro** center
cerca (de) *adv* near
cercano *adj* nearby

cerrado *adj & pp* closed
cerrar to close
el **cerro** hill
la **cerveza** beer
cesar to cease
el **césped** lawn
cicatrizar to heal
ciego *adj* blind
el **cielo** heaven, sky
cien (ciento) *adj* a hundred
científico *adj* scientific
la **cifra** number, cipher, code
la **cima** top
el **cine** movie theatre
el **cinto** waist; belt
la **cintura** waist
el **cinturón** belt
la **ciudad** city
civil *adj* civil; polite
clamar to cry out
la **claridad** clarity; light
claro *adj* bright, clear, light (color)
la **clase** class
clavar to nail; to stick, prick
la **cobija** shawl; bedclothes; blanket
cobrado *pp & adj* collected; gained
cobrar to collect, to gain
la **cocina** kitchen
la **cocinera** cook
la **cocinería** eating joint
el **coco** bogeyman
el **codo** elbow
coger to grab, grasp
la **col** cabbage
la **cola** tail
la **colaboración** collaboration, mutual help
colaborar to collaborate, work together
la **colección** collection
el **colegio** school (*not* college)
la **cólera** anger
colgar to hang

colocar to place, put
colonial *adj* colonial
el **colono** colonist; planter
el **color** color
colorado *adj* ruddy, reddish
la **comadre** midwife, the mother and godmother of a child with respect to each other
el **comandante** commander; chief, major
la **comarca** territory, district
el **combatiente** warrior, fighter
comentar to comment
comenzar to begin
comer to eat
cómico *adj* funny
la **comida** meal, lunch, supper
como *conj & adj* as, like, such as; if, since, when; _____ **si** as if; **cómo** *exclam* what; **¿Cómo?** *inter adv* how?
el **compañero** companion, friend
compartir to share
completo *adj* complete; **por completo** *adj* completely
comprar to buy
comprender to understand
comprobar to prove
comulgar to receive communion
común *adj* common
comunicar to communicate
la **comunidad** community
con *prep* with
concebir to conceive
conceder to grant
la **concepción** conception
el **concepto** concept, idea
conciliador *adj* conciliating
concluir to end, finish
condensarse to be condensed

el **cóndor**   condor, vulture
conducir   to lead; to drive
confesar   to confess
confiado *adj*   confident, secure
la **confianza**   confidence, faith
el **conflicto**   conflict
confundido *adj & pp* confused
confundir   to confuse, mix up
la **confusión**   confusion
confuso *adj*   confused
el **congénere**   fellow being
congregar   to bring together
conmigo *pron*   with me
conmover   to affect, move to pity
conocer   to know
conocido *adj & pp*   known
el **conocimiento**   knowledge
la **consecuencia**   consequence; result; **en consecuencia**   as a consequence, therefore
conseguir   to obtain; to get
el **consejo**   advice, counsel
la **conservación**   conservation, preservation
conservar   to conserve
considerado *adj & pp*   considered; considerate; thoughtful
considerar   to consider
consolar   to console
el **consorte**   husband
construir   to construct
el **consuelo**   consolation
el **contacto**   contact
contar   to count; to tell, relate
contentar   to make happy
contento *adj*   happy
contestar   to answer
la **continuación**   continuation
continuar   to continue
contra *prep*   against

contribuir   to contribute
controlar   to control
convencerse   to be convinced
convencido *adj & pp* convinced
la **conversación**   conversation
conversar   to converse, talk
convertir   to convert
convulsivo *adj*   convulsive
el **corazón**   heart
el **coronel**   colonel
el **correo**   mail; **a vuelta de correo**   by return post
correr   to run
la **correspondencia** correspondence
corresponder   to belong, correspond
el **corresponsal**   correspondent
la **corriente**   current, flow; movement
cortado *adj & pp*   cut
cortar   to cut, cut off
la **corte**   court
cortés *adj*   polite
la **cortesía**   courtesy, politeness
cortésmente *adv*   politely
la **cortina**   curtain
corto *adj*   short
la **cosa**   thing
el **coscorrón**   a rap on the head
la **cosecha**   harvest
coser   to sew
la **costa**   cost
el **costado**   side
costar   to cost
la **costumbre**   custom
la **costura**   sewing
el **cráneo**   cranium
el **creador**   creator
crecer   to grow, increase
creer   to believe
creyente *adj*   believing
la **criada**   maid

criar to raise, breed; to educate
la **criatura** baby; creature
el **crimen** crime
el **crío** baby
el **cristal** crystal, glass, water
la **crítica** criticism
el **crítico** critic; judge
la **crónica** chronicle, history
la **cruz** cross
cruzar to cross
el **cuaderno** notebook
la **cuadra** street, block
cuadrado *adj* square
el **cuadro** square; picture
cual *adj, pron* which
la **cualidad** quality
cualquier *adj & pron* any, anyone
cuando *conj* when
cuántos *adj & pron* how many
la **cuaresma** Lent
el **cuarto** room; el **cuartito** little room
los **cubiertos** silverware
cubrir to cover
el **cuello** neck; collar
la **cuenta** count; bill; account; **darse cuenta de** to realize
el (la) **cuentista** short story writer
el **cuento** story
la **cuerda** cord, string; **dar cuerda** to wind
el **cuero** leather
el **cuerpecito** tiny body
el **cuerpo** body
la **cuesta** hill
la **cuestión** question
el **cuidado** care; ¡cui- dado! be careful; **tener cuidado** to be careful
cuidadoso *adj* careful
cuidar to take care of
la **cuita** problem

la **culpa** blame, fault
culpar to blame
cultivar to cultivate
el **culto** religion, worship
la **cultura** culture
cumplir to attain
la **cuñada** sister-in-law
el **cura** priest
curar to cure
curioso *adj* curious; pecu- liar; neat
el **curso** course
custodiar to guard
cuyo *adj* whose

CH

el **chaleco** vest
el **charco** puddle
charlar to chat, talk
el **charol** patent leather
la **chica** girl
chico *adj* small; el _____ boy
el **chiquito** little boy, youngest
el **chisme** gossip, rumor
chismoso *adj* gossipy, tale-bearing
la **chispa** spark
la **choza** hut, cabin

D

el **daño** harm, damage; **hacer daño** to hurt
dar to give; **dar a luz** to give birth; **dar(le) a** to hit; **dar con** to meet, come upon
de *prep* from, of, about
debajo de *prep* underneath
deber to owe, should, ought to; **deber de** must, should
el **deber** duty, obligation

debido *adj* due
débil *adj* weak
decaer to decay, fall
el **decano** dean
decidir to decide
decir to tell, say
la **declinación** descent, falling
el **decorado** decoration,
ornamentation
decrépito *adj* decrepit, old,
feeble
dedicarse to dedicate
oneself, apply oneself
el **dedo** finger
degollar to slit (throats)
dejar to let, allow; to leave
behind; to drop
delante *adv* before, in front;
delante de in front of;
por delante ahead
delicado *adj* delicate
la **delicia** delight
delinearse to be sketched,
be described
el **delito** crime, fault
demás *adj & pp* other; **lo
demás** the rest
demasiado *adv* too much,
too
demostrar to demonstrate
dentro *adv* inside, within
el **dependiente** clerk
deplorar to lament
derecha right; **a la
derecha** to the right
derecho *adj* right; straight
derramar to pour; to spill
derribar to demolish, tear
down, topple, knock down
desafiar to challenge; to
oppose
desasirse to free oneself
desasosiego restlessness
desatar to untie
descansar to rest
el **descanso** rest

descargar to unload; to
strike
descepar to pull up by the
roots
descifrar to interpret,
decipher
desconfiado *adj* distrustful
desconocido *adj* unknown,
strange; el **desconocido**
stranger
desconsiderado *adj*
inconsiderate
describir to describe
descubrir to discover
desde *prep* from, since
desempeñar to discharge
an office or duty
desfallecido *adj & pp*
fainted
desfilar to march past, file
past
desgraciado *adj* wretched,
unfortunate
el **desierto** desert
desinteresado *adj*
disinterested
deslizarse to slide; to slip
away
despachar to perform; to
discharge
despacito *adv* very slowly
despectivo *adj* depreciatory
despedirse to say good-bye
despegar to unglue, separate
despertarse to wake up
despierto *adj* awake
despojar to strip, deprive of
el **desprecio** scorn, contempt
desprendido *adj & pp*
unfastened, loose
después *adv* after, later;
después de *prep* after
destacado *adj & pp*
outstanding
desterrado *adj & pp* exiled,
banished

el **destino** destiny, lot
destrozar to destroy
destruir to destroy
el **detalle** detail
detenerse to stop, stay
la **determinación**
determination
devolver to give back, return
devuelto *pp* returned, given
back
el **día** day
el **diablo** devil
el **diálogo** dialogue
diariamente *adv* daily
el **diario** daily newspaper
dictar to dictate; to direct
dicho *pp* said, told
el **diente** tooth
la **diferencia** difference
diferenciar(se) to be
different
difícil *adj* difficult
la **dificultad** difficulty
dificultarse to become
difficult
digno *adj* worthy
el **dinero** money
el **dios** god
diplomático *adj* diplomatic,
tactful
directamente *adv* directly
el **director** director
dirigir(se) to direct, to
direct oneself, to address
la **disciplina** discipline
discutir to discuss
el **diseño** design, sketch
disfrazado *adj & pp*
disguised
disparar to shoot
disponer(se) to decide, to
prepare oneself
disputar to dispute
la **distancia** distance
distante *adj* distant
distinto *adj* different

diverso *adj* diverse
divino *adj* divine
doblar to bend, to turn
doce *adj* twelve
la **docena** dozen
el **doctor** doctor
doctoral *adj* doctoral
doctorarse to get a doctor's
degree
dolido *adj & pp* hurt
el **dolor** pain
el **domador** tamer
domesticar to domesticate
dominar to dominate,
control
el **domingo** Sunday
donde *adv* where
dormido *adj & pp* asleep
dormir to sleep
dormirse to fall asleep
el **dormitorio** bedroom
dos *adj* two; **los dos** both
doscientos *adj* two hundred
el **drama** drama
la **duda** doubt
el **dueño** owner
dulce *adj* sweet; los
dulces candy
el **duque** duke
durante *prep* during
durar to last
el **durazno** peach
duro *adj* hard, difficult

E

e *conj* and
el **ébano** ebony
ebrio *adj* drunk
el **eco** echo
echar to throw (out); ——
(se) a to begin
la **edad** age
educarse to be educated

el **efecto** effect, result; **en efecto** in fact, actually; indeed

el **ejemplo** example

ejercer to exercise; to practice (a profession)

el **ejército** army

el **que** *pron* he who, the one who

ello *pron* it

ellos *pron* they, them

el **embarazo** pregnancy

embargo *adv* **sin** _____ nevertheless

embarrado *adj & pp* smeared with mud

embarrarse to be smeared with mud

embriagarse to get drunk

el **embrollo** tangle, mess

la **emoción** emotion

empeorarse to become worse

empezar to begin

el **empleado** employee, servant

empujar to push

en *prep* in, on, at, upon

la **enagua** petticoat

enamorarse to fall in love

encadenarse to be linked together

encallecido *adj* calloused

el **encanto** enchantment, delight, charm

encender to put on lights; to light

encerrado *adj & pp* enclosed

encima de *prep* on top of

encogido *adj & pp* timid, bashful, fearful

el **encogimiento** bashfulness, awkwardness; _____ **de hombros** shrug

encontrar to find, to meet; **encontrarse** to meet each other; to find onself

el **enemigo** enemy

enfermarse to become sick

la **enfermedad** sickness

la **enfermera** nurse

enfermo *adj* sick

enfrente *adv* opposite, facing, in front

engañar to deceive

engendrar to create; to produce; to cause

enjuto *adj* thin

enlazar to tie, bind; to interlock; to join

enmudecer to become silent

enorme *adj* enormous

enraizado *adj & pp* rooted

la **enredadera** vine

ensanchar(se) to widen

el **ensayo** essay; attempt

enseñar to show; to teach

entender to understand

enterarse de to be informed; to find out

enternecido *adj* moved to compassion

entero *adj* entire, whole

enterrar to bury

entonces *adv* then

entrar to enter

entre *prep* between, among

entregar to hand over, deliver; to pay

entretanto *adv* meanwhile

el **entusiasmo** enthusiasm

envejecer to grow old

enviar to send

la **envidia** envy

envolver to wrap

épico *adj* epic

episódico *adj* episodic

el **episodio** episode

la **época** time, epoch

el **equipo** team
equivaler to be equivalent
equivocado *adj* wrong,
mistaken
el **error** error, mistake
esbelto *adj* slim, slender
escabullirse to escape, slip
away
la **escala** ladder, scale
la **escalera** stairs
el **escándalo** scandal
escandinavo *adj*
Scandinavian
escaparse to escape
el **esclavo** slave
escolar *adj* scholastic,
academic
esconder to hide; **escon-
derse** to hide, go into
hiding
escondidas *adv* **a** ——
hidden, on the sly
escondido *adj & pp* hidden
escribir to write
el **escritor** writer
escuchar to listen to
la **escuela** school
escurrirse to slip; to glide,
pass slowly
el **esfuerzo** effort
eso *dem pron* that; **a eso
de** at about; **por
eso** therefore
el **espacio** space
espantar to frighten
el **espanto** fright
España Spain
el **español** Spanish language;
Spaniard
especial *adj* special
especializado *adj & pp*
specialized
especialmente *adv* specially
la **especie** species
el **espectro** spectre, phantom,
ghost

el **espejo** mirror
esperar to wait for; to
hope; to expect
el (la) **espía** spy
espiar to spy (on)
la **espiga** spike of grain
espiritual *adj* spiritual
el **espliego** lavender
la **esposa** wife
el **esposo** husband
la **esquila** cowbell
la **esquina** corner of a
street
la **estaca** picket, stake
el **estado** state, condition
los **Estados Unidos** United
States
el **estampido** sound,
ringing
el **estaño** tin
estar to be
la **estatua** statue
el **estilo** style
estimar to esteem
estirarse to stretch out
esto *pron* this
el **estómago** stomach
el **estorbo** hindrance, nuisance
estragar to ravage; to
corrupt
estrecho *adj* narrow
estremecer(se) to shake,
shudder
el **estrépito** noise, din
el **estuco** stucco, plaster
el (la) **estudiante** student
estudiantil *adj* student
estudiar to study
el **estudio** study
estudioso *adj* studious
estupefacto *adj* stunned,
speechless
estúpido *adj* stupid
la **Europa** Europe
europeo *adj* European
exacto *adj* exact; mere

exagerado *adj & pp*
exaggerated
examinar to examine
la **excepción** exception
exclamar to exclaim
exclusivo *adj* exclusive
el **excusado** water closet,
toilet-room
exhausto *adj* exhausted
la **existencia** existence
existir to exist
el **éxito** success
la **experiencia** experience
la **explicación** explanation
explicar to explain
el **explorador** explorer, scout
la **explotación** exploitation
exponer to expose
expresar to express
la **expresión** expression
la **expropiación** expropriation
expropiar to expropriate
extasiado *adj* delighted,
enraptured
extendido *adj* extended,
stretched out
extenso *adj* extensive, with
full particulars
el **extranjero** foreigner
extrañar to wonder at
extraño *adj* strange, foreign
extraordinario *adj*
extraordinary
extravagante *adj*
extravagant
extremamente *adv*
extremely
el **extremo** extreme, end

F

fabricarse to contrive; to
manufacture
facilitar to facilitate, make
easy

la **facha** appearance, look, face
la **faena** work, task, job, duty
falso *adj* false
la **falta** lack
faltar to be lacking, need
la **fama** fame, reputation
la **familia** family
famoso *adj* famous
la **fantasía** fantasy
el **farol** street light
fascinante *adj* fascinating
fatal *adj* fatal
el **favor** favor
fatigoso *adj* tiresome,
wearisome
la **fe** faith
federal *adj* federal
la **felicidad** happiness
el **fenómeno** phenomenon
feo *adj* ugly
la **feria** fair
feroz *adj* ferocious
fértil *adj* fertile
festejar to entertain; to feast
la **ficción** fiction
la **fiebre** fever
la **fiera** wild animal
la **fiereza** fierceness, ferocity
la **fiesta** party, holiday, feast,
festival
figurar to shape; to represent
la **figurilla** little figure
fijarse to rivet one's
attention on something,
notice
la **filosofía** philosophy
el **filósofo** philosopher
el **fin** end; **al fin** at last,
finally; **al fin y al
cabo** at last, in the end;
en fin in conclusion, in
short; **por fin** finally
el **final** ending
fingir to feign, pretend
fino *adj* fine, elegant, subtle,
delicate
la **firma** signature

firme *adj* firm, strong
físicamente *adv* physically
flaquear to weaken
la **flauta** flute
la **flor** flower
la **florecilla** little flower
florido *adj* flowered
fluir to flow; el **fluir** flowing, running
el **folklore** folklore
folklórico *adj* folkloric
el **fondo** bottom, background, back
la **forma** form, shape
formar to form, make; **formarse** to take form; to be molded
formular to formulate; to word
la **fortuna** fortune, luck
forzar to force
forzosamente *adv* forcibly
la **fotografía** photography
el **francés** French language; Frenchman
la **frecuencia** frequency
frenar to brake
la **frente** forehead; **frente a** in front of
la **frescura** freshness
el **frijol** bean
el **frío** cold, coldness; *adj* cold
la **fruta** fruit
el **fuego** fire
los **fuegos artificiales** fireworks
fuera de *prep* outside of
fuerte *adj* **strong**
la **fuerza** force, strength; **a fuerza de** by dint of
la **fuga** escape, flight
el **fundador** founder
fundar to found, to establish
furioso *adj* furious, angry
el **fusil** rifle, gun

el **fútbol** football, soccer
el **futuro** future

G

las **gafas** glasses
la **galería** gallery, corridor
la **gallina** hen, chicken
ganar to gain, win; to earn
la **gata** cat
el **gato** cat; fair
el **gemido** whimper
el **general** general
el **género** genre; kind, sort
generoso *adj* generous
la **génesis** genesis, origin
la **gente** people
el **gesto** gesture, movement; expression
el **gigante** giant
gimotear to whimper
la **gloria** glory
la **glorieta** arbor
el **gobierno** government
el **golpe** hit, smack, blow
golpear to knock
gordo *adj* fat
la **gota** drop (of liquid)
grabado *adj* engraved
gracias thanks
graduarse to graduate
gran *adj* great
grande *adj* big
el **granizo** hail
gratificar to please, gratify
la **gratitud** gratitude
gris *adj* gray
gritar to shout
el **grito** shout, scream
el **grupo** group
la **gruta** cavity between rocks, cavern
guardar to keep, protect, watch over

la **guerra** war
guiñar to wink
gustar to like, be pleasing
el **gusto** taste, pleasure, delight, liking

H

haber to have; **haber de** + *inf* must
había there was, there were
la **habilidad** dexterity, ability
la **habitación** room
el **habitante** inhabitant
habitar to live, dwell, reside
habrá there will be; there must be
hace + *time expression* ago
hacer to do; to make
hacer falta to be lacking
hacia *prep* towards
la **hacienda** farm, ranch
hallar to find
el **hambre** *f* hunger
hambriento *adj* hungry
hasta *prep* even, until; **hasta que** until
hay there is, there are; **hay que** + *inf* it is necessary to
el **hecho** deed, fact; *pp* made, done
la **herida** wound
herir to wound
el **hermano** brother
hermoso *adj* pretty, beautiful
el **hielo** ice
la **hierba** grass, weed
la **hija** daughter
el **hijo** son; ——s sons, children
hispánico *adj* Hispanic, Spanish

hispanoamericano *adj* Spanish-American
la **historia** history; story
el **historiador** historian
el **hogar** home; hearth
la **hoja** leaf
la **hojarasca** leaves, foliage
el **hombre** man
el **hombro** shoulder
el **hombrón** big man
la **hora** hour, time
la **hortaliza** vegetables
hosco *adj* dark-colored
el **hospital** hospital
hoy *adv* today
hubo there was, there were
la **huelga** strike (labor)
la **huella** print, trace
el **huérfano** orphan
la **huerta** vegetable garden
el **hueso** bone
el **huésped** guest
el **huevo** egg
huir to flee
hum *interj* ahem
la **humanidad** humanity
humanitario *adj* humanitarian
humano *adj* human
humear to smoke, smolder
la **humedad** humidity, dampness
humilde *adj* humble, poor
el **humo** smoke
el **humor** humor; mood
humorístico *adj* humorous
hundirse to sink, collapse

I

el **idioma** language
el **idiota** idiot, fool
el **ídolo** idol

ignorante *adj* ignorant, stupid
igual *adj* equal
la **imagen** image
la **imaginación** imagination
imaginarse to imagine
imbécil *adj* imbecile
implorar to implore, beg
importante *adj* important
importar to be important, matter
imposible *adj* impossible
la **impresión** impression
la **imprudencia** imprudence, recklessness
el **impulso** impulse
inaccesible *adj* inaccessible
inadvertido *adj* unnoticed, unseen; careless
la **inauguración** commencement
el **incendio** fire
inclinarse to bend over
incluir to include
incluso including
la **indemnización** indemnity, reimbursement
la **independencia** independence
indígena *adj* indigenous, native
indignar(se) to become extremely angry
el **indio** Indian
indomable *adj* indomitable, unconquerable
indudablemente *adv* undoubtedly
infantil *adj* infantile, childlike
infeliz *adj* unhappy
inferior *adj* inferior
el **infierno** hell
la **influencia** influence
la **información** information, report

informar to inform
el **informe** report
el **infortunio** misfortune
ingenuo *adj* open, candid
el **inglés** English language; Englishman
ingresar to enter; to join
el **iniciador** initiator
iniciar to begin
la **injusticia** injustice
inmediatamente *adv* immediately
inmenso *adj* large
inmóvil *adj* motionless
inmutable *adj* immutable
innecesario *adj* unnecessary
la **inocencia** innocence
inocente *adj* innocent
inquieto *adj* restless, uneasy
la **inquisición** inquisition; inquiry
insignificante *adj* insignificant
insistir en to insist on
la **insolación** sunstroke
inspeccionar to inspect
el **inspector** inspector
el **instante** instant; **al instante** immediately
el **instinto** instinct
la **instrucción** instruction
instruir(se) to educate oneself
intelectual *adj* intellectual
intentar to attempt
el **interés** interest
interesante *adj* interesting
interesar to interest
interesarse to be interested
interior *adj* interior, inside
interminable *adj* unending
interrumpir to interrupt
el **intérprete** interpreter
intraducible *adj* untranslatable

intricado *adj*   intricate
la **invención**   invention, fiction, artifice
inventar   to invent
el **investigador**   investigator
el **invierno**   winter
invitar   to invite
inyectar   to inject
ir   to go; **irse**   to go away
la **ira**   anger
irónico *adj*   ironical
la **irrealidad**   unreality
la **isla**   island
izquierdo *adj*   left

J

jamás *adv*   never
el **jardín**   garden, yard
la **jaula**   cage
el **jefe**   chief, leader; _____ **de correos**   postmaster
joven *adj*   young
el **juego**   game
jugar   to play
el **juguete**   toy
el **juicio**   judgment, sense
julio   July
el **juncal**   stand of reeds
juntamente *adv*   jointly, together
juntar   to join, unite; **juntarse**   to come together
junto *adj*   joined, united; **junto a**   next to
jurar   to swear
justamente *adv*   exactly, precisely
la **justicia**   justice
justo *adj*   just, fair, right
la **juventud**   youth

K

el **kilómetro**   kilometer

L

la *def art*   the; **la que** *rel pron* she who, the one who
el **laberinto**   labyrinth
el **labio**   lip
la **labor**   work
el **labrador**   worker; farmer; peasant
el **lado**   side; **al lado**   beside, near
el **ladrón**   thief, robber
la **lágrima**   tear
la **lamentación**   lament
lamentar   to lament, regret, mourn
lamer   to lick
la **lámpara**   lamp
lampiño *adj*   beardless
la **lana**   wool
lanzar   to throw, cast
largo *adj*   long
el **látigo**   whip, lash
el **latín**   Latin language
latir   to palpitate, throb
lavar   to wash; **lavarse**   to get washed
el **lazo**   bone, tie
le *ind obj*   to (from) him, her, you
el **lector**   reader
leer   to read
la **legalidad**   the law
legítimo   legitimate
lejano *adj*   distant
lejos *adv*   far, far away
la **lengua**   tongue
el **lenguaje**   language, speech
lentamente *adv*   slowly

el (la) **lente**   lens
   lento *adj*   slow
el **leñador**   woodcutter,
      woodsman
la **letra**   letter of the alphabet;
   letras   letters, learning
el **letrero**   sign
   levantar   to raise, pick up;
      levantarse   to get up
la **levita**   frock, coat
el **levitón**   big coat
la **ley**   law
la **leyenda**   legend
   liar   to tie
la **libertad**   liberty
el **libro**   book
la **ligadura**   binding
   ligero *adj*   light
   limitar   to limit
la **limosna**   alms, offering to
      the poor
el **limosnero**   beggar
   limpiar   to clean
   lindo *adj*   pretty
la **línea**   line; limit
   listo *adj*   ready
   literario *adj*   literary
la **literatura**   literature
   lívido *adj*   livid, black and
      blue; pale
   lo *dir obj, pron*   him, it
   lo que *rel pron*   what, that,
      that which
el **lobo**   wolf
el **loco**   madman, insane person
la **locura**   madness, insanity
   lograr   to succeed
   los que   *rel pron*   those who
el **lucero**   morning-star,
      Venus
   lucir   to shine
la **lucha**   fight
   luego *conj*   then
el **lugar**   place
el **lujo**   luxury, finery
la **luna**   moon

el **lunes**   Monday
la **luz**   light

LL

la **llama**   flame
   llamar   to call; **llamarse**   to
      be called
la **llamarada**   flash
   llegar   to arrive
   lleno *adj*   full
   llevar   to take, carry, take
      away; to wear
   llorar   to cry
   llover   to rain
la **lluvia**   rain

M

   macizo *adj*   stocky
la **madera**   wood
la **madre**   mother
   madrugar   to get up at dawn
   madurar   to mature
el **maestro** (la **maestra**)
      teacher
   mágico *adj*   magical
el **mago**   sage, magician
   magullar   to beat
el **maíz**   corn
el **mal**   evil, unfortunate event;
      adj bad, evil; *adv* badly
   malhumorado *adj*   in a bad
      mood; ill-humored
la **malicia**   malice
   maloliente   smelly
   malva *adj*   light purple
   malviviente *adj*   decadent,
      degenerate
el **manantial**   spring
   manchar   to stain, spot

mandar to command, order;
to send
la **manera** manner, way,
method
la **manga** sleeve
manifestarse to show itself
la **mano** hand
manso *adj* tame, gentle
la **mansedumbre** meekness,
gentleness
el **mantel** tablecloth
mantener to maintain, keep
el **manto** robe
la **maña** bad habit, trait
la **mañana** morning;
adv tomorrow
la **maravilla** wonder
maravilloso *adj* marvelous
marcado *adj* marked,
engraved
el **marco** frame
marcharse to go away
el **marido** husband
martirizar to abuse
más *adv* more, most; **no
más** only
el **masonite** masonite
las **matas** fields, plants
matar to kill
las **matemáticas** mathematics
la **maternidad** maternity
el **matrimonio** marriage
la **matrona** matron
máximo *adj* very great,
maximum
mayor *adj* older, oldest
la **mayoría** majority
mecánico *adj* mechanical
mecerse to rock, sway
la **mecha** fuse, wick
la **medalla** medal
la **medianoche** midnight
la **medicina** medicine
el **médico** physician, medical
doctor
la **medida** measurement

medio *adj* half, middle; el
medio middle, center; **por
medio de** by means of
el **mediodía** noon
la **meditación** meditation
la **mejilla** cheek
mejor *adj & adv* better, best
la **memoria** *f* memory,
recollection
mencionar to mention
menor *adj* younger,
youngest, least
menos *adj & adv & prep*
less, least, except for; **a
menos que** unless
menudo *adj* small, slender;
a menudo *adv* often
el **mercado** market
merecer to merit, deserve
el **mes** month
la **mesa** table
metálico *adj* metallic
meter to place, put in;
meterse to meddle, inter-
fere; to go in
mexicano *adj & n* Mexican
el **México** Mexico
mezclarse to mix, mingle
mi *adj* my
el **miedo** fear; **tener miedo** to be afraid
mientras *conj* while
la **milpa** cornfield
la **milla** mile
el **ministerio** ministry,
office
el **minuto** minute
mío *pron* mine
la **mirada** glance, gaze, look
mirar to look at
el **mirlo** blackbird
la **misa** mass
miserable *adj* miserable,
wretched, unhappy, mean
la **miseria** calamity
mismo *adj* same; **lo**

mismo the same thing; **sí mismos** themselves

el **misterio** mystery

misterioso *adj* mysterious

la **mitad** half, middle

modestamente *adv* modestly

el **modo** way; **de modo que** so that

mojar to wet, to moisten

moler to beat, flog

molestar to bother

la **molestia** bother, annoyance

molido *adj & pp* beaten

el **momento** moment

la **moneda** coin

la **montaña** mountain

montaraz *adj* wild, raised in the woods

el **monte** mountain, hill

morado *adj* purple

moral *adj* moral

moreno *adj* brown, dark-skinned

moribundo *adj* dying, near death

morir(se) to die; _____ **de hambre** to starve

mortificar to torment

mostrar to show

moverse to move

el **movimiento** movement

el **mozo** servant, boy, waiter; youth

la **muchacha** girl

el **muchacho** boy

la **muchedumbre** crowd, mob

mucho *adv & adj & pron* much, a lot

muchos *adj & pron* many

mudarse to move

los **muebles** furniture

la **muerte** death

muerto *adj* dead; *pp* died

la **mujer** wife, woman

el **mundo** world

murmurar to murmur, whisper

el **muro** wall

musical *adj* musical

muy *adv* very

N

nacer to be born

el **nacimiento** birth

nacional *adj* national

nada *indef pron* nothing; **nada más** only

nadie *pron* nobody

la **nalga** buttock, rump

la **nariz** nose; **las narices** nostrils

la **narración** narration

el **narrador** narrator

natural *adj* natural

naturalmente *adv* naturally

necesario *adj* necessary

la **necesidad** necessity

necesitar to need

negarse to refuse

el **negocio** business, business deal

negro *adj* black; el **negro** black person

el **nervio** nerve

nervioso *adj* nervous

ni *conj & adj* nor; neither; **ni siquiera** not even

el **nido** nest

el **nieto** grandson

ninguno *adj & pron* no, none; nobody

la **niña** girl

la **niñez** childhood

el **niño** child

no *adv* no, not

noble *adj* noble

nocturno *adj* nocturnal

la **noche** night; **esta**

noche tonight; **de noche** at night
el **nombre** name; **nombre de pila** first name (Christian name)
nórdico *adj* Nordic
el **noreste** *n & adj* northeast
normal *adj* normal
norteamericano *adj* American
nostálgico *adj* sad
notar to note, notice, observe; to write down
la **noticia** news
la **novela** novel
el **novelador** novelist
el (la) **novelista** novelist
la **novia** fiancée, sweetheart
el **novio** fiancé
la **nube** cloud
nuestro *pron* our
nuevamente again
nuevo *adj* new
nunca *adv* never

O

o *conj* or, either
el **objeto** object, article
la **obra** work, piece of work
obscuro *adj* dark
observar to observe
la **obsesión** obsession
obstante; no obstante *conj* nevertheless
obstinadamente *adv* obstinately
obstinarse to be obstinate
obtener to obtain
la **ocasión** occasion
ocultar(se) to hide
ocupado *adj & pp* busy

ocurrir to occur, happen
odiar to hate
ofender to offend
la **oficina de correos** post office
el **oficio** office, work, occupation
ofrecer to offer
oír to hear
el **ojo** eye
oler to smell
el **olor** smell
oloroso *adj* fragrant
olvidar to forget; **olvidarse de** to forget
omitir to omit
la **onda** wave
la **opera** opera
la **operación** operation
la **opinión** opinion
oponerse a to be opposed to
optar to opt, decide
oral *adj* oral
la **orden** order, command; **a la orden** at your service
ordenar to order, command
la **oreja** ear
el **orgullo** pride
orgulloso *adj* proud
la **orilla** shore, bank
el **oro** gold
oscurecer to grow dark
la **oscuridad** darkness
oscuro *adj* dark
el **otate** species of bamboo
el **otoño** autumn
otro *adj* another, other
el **oxímoron** combination of contradictory words (hot ice)

P

la **paciencia** patience
pacífico *adj* peaceful, calm

padecer to suffer
el **padre** father; los
  padres parents
pagar to pay
el **país** country, nation
el **paisaje** countryside,
  landscape
la **palabra** word
palidecer to turn pale
pálido *adj* pale
la **palma** palm tree; palm of
  hand
el **palo** stick
palpar to touch
el **pan** bread
el **pantalón** pants; los
  pantalones pants
la **pantera** panther
el **pañuelo** handkerchief
el **papel** paper
el **paquete** package
el **par** pair
para *prep* for; in order to;
  para que *conj* so that
parado *adj & pp* stopped,
  standing
el **paraguas** umbrella
el **paraíso** paradise
paralelo *adj* parallel
pardo *adj* brown
parecer to seem, appear;
  parecerse to resemble
parecido *adj* similar
la **pared** wall
la **parentela** parentage,
  kindred, relations
el **pariente** relative
parir to give birth
el **párpado** eyelid
el **parque** park
la **parte** part, place
participar to participate
particular *adj* particular,
  peculiar, odd, individual
particularmente *adv*
  particularly

el **partido** game
partir to leave
la **parturienta** parturient,
  woman giving birth
la **parroquia** church, parish
el **pasado** past
el **pasaje** passage
pasar to happen, pass; to
  spend time; **pasar**
  hambre to be hungry
pasearse to take a ride; to
  take a stroll
el **paseo** drive, ride
el **pasillo** hallway
el **paso** step, way, passage
el **pastor** shepherd
patear to kick
la **patria** country, homeland
la **paz** peace
el **pecho** breast, chest
el **pedazo** piece
pedir to ask for, request
pegar to hit; to stick
pelado *adj & pp* bare
la **película** film
el **peligro** danger
el **pelo** hair
peludo *adj* hairy
la **pelusa** peach fuzz, hair
pellizcar to pinch, nip
la **pena** pain, sorrow
penetrante *adj* penetrating
penetrar to penetrate, to
  enter
el **pensador** thinker
el **pensamiento** thought
pensar to think
la **peña** rock
peor *adj & adv* worse, worst
pequeño *adj* small
perder to lose; **perderse**
  to get lost
el **perdido** lost person;
  vagabond
el **perdón** pardon
perfecto *adj* perfect

el **periódico** newspaper

el **periodismo** journalism; el
(la) periodista journalist;
periodístico *adj* journalistic

permanecer to remain

permitir to permit

pero *conj* but

perplejo *adj* perplexed,
uncertain

el **perro** dog

el **perseguidor** follower,
pursuer

la **persona** person

el **personaje** character

el **personal** personnel

pertenecer to belong to

la **pesadilla** nightmare

pesar to weigh; **a pesar de**
prep in spite of

el **peso** weight; monetary unit
in Mexico and other Span-
ish American countries

piadoso *adj* pious,
merciful

pícaro *adj* mischievous,
roguish

picotear to peck

el **pie** foot

la **piedra** rock; stone

la **piel** skin, fur

la **pierna** leg

la **pieza** room

pintar to paint

la **pirámide** pyramid

pisar to step on

el **piso** floor

la **pistola** pistol

la **plata** silver, money

plantear to pose

la **plaza** square

la **pluma** pen

la **población** population

poblar to inhabit, populate

pobre *adj* poor

poco *adj & adv* little; **poco**

a poco slowly, little by
little; **pocos** few

poder to be able to

poderoso *adj* powerful

la **poesía** poetry

el **poeta** poet

poético *adj* poetical

político *adj* political

poner to put; **ponerse** to
put on; to become; **ponerse
a + *inf*** to begin

popular *adj* popular

por for; by

por favor *adv* please

por fin *adv* finally

¿por qué? *adv* why

la **porción** portion

porque *conj* because

portarse to behave, conduct
oneself

portátil *adj* portable

posarse to settle, lodge

poseer to possess

poseído *pp* possessed

la **posesión** possession

posible *adj* possible

positivo *adj* positive, sure

el **practicante** practitioner

la **pradera** prairie, meadow

precisamente *adv* precisely,
exactly

el **predominio** predominance

preferir to prefer

preguntar to ask;
_____**se** to wonder

el **premio** award, prize

prender to light; to set a fire

la **prensa** press

la **preocupación** worry

preocuparse to worry

preparado *adj* prepared

preparar to prepare

preparatorio *adj*
preparatory

la **presencia** presence

presentable *adj* presentable
presentar to present, offer
el **presente** present
preso *adj* jailed
el **prestigio** prestige, standing
primario *adj* grammar school
primero *adj* first
el **primo** cousin
principalmente *adv* principally
el **principio** beginning; **a principios de** at the beginning of; **al principio** at first
la **prisa** speed; **de prisa** quickly; **tener prisa** to be in a hurry
el **problema** problem
el **procedimiento** procedure, method
la **procesión** procession
proferir to pronounce, express
el **profesor** teacher
profundo *adj* profound, deep
el **programa** program
prohibido *adj & pp* prohibited
el **prólogo** prologue
prolongarse to be extended, be lengthened
prometer to promise
pronto *adv* soon; **de pronto** suddenly
pronunciable *adj* pronounceable
el **propietario** owner
propio *adj* suitable, exact, original, one's own, peculiar, proper
proponer to propose
proporcionar to provide

el **protector** protector
protestar to protest
provenir to arise; to proceed; to originate
el **proverbio** proverb
provisorio *adj* provisional, temporary
próximo *adj* next
el **proyecto** project
prudente *adj* prudent, wise
la **prueba** proof
el **pseudónimo** pseudonym
publicado *adj & pp* published
publicar to publish
público *adj & n* public
el **pueblo** town, people
el **puente** bridge
la **puerta** door
el **puerto** port
pues *adv* well, then, thus
puesto *pp* placed, put
pulcro *adj* beautiful, neat, tidy
la **punta** point, corner
el **punto** point; **a punto de** *prep* on the point of, about to
la **puntuación** punctuation
el **pupitre** student desk

Q

que *rel pron* that, which, who, whom, than
qué *inter pron* what?; **¿qué tal?** hi, how are you?
quedar to remain; to be; to be left
quedarse to stay, remain; to be
los **quehaceres** chores
la **queja** complaint

la **quemadura**   burn
quemar(se)   to burn (up)
querer   to want; to love
quien *pron*   who, whom; he who; **¿quién?** *inter pron* who? whom?; **¿de quién?**   whose?
quieto *adj*   tranquil, peaceful
quince *adj*   fifteen
la **quincena**   forthnight
quitarse   to take off
quizá *conj*   perhaps, maybe

R

el **rábano**   radish
rabioso *adj*   rabid, mad, raging
el **rabo**   tail; hind part, train
radical *adj*   radical; fundamental, basic
la **raíz**   root
la **rama**   branch
rápido *adv*   quickly
raramente *adv*   rarely
raro *adj*   rare, strange; **rara vez**   rarely
el **raso**   satin
rasurarse   to shave
el **rato**   short time, while; el **ratito**   little while; **ratos**   times
la **raya**   stripe, line
la **raza**   race
la **razón**   reason, explanation
real *adj*   real
la **realidad**   reality; **en realidad** *adv*   really
realmente *adv*   really
el **rebozo**   shawl
la **recámara**   bedroom, wardrobe
recetar   to prescribe
recibido *pp*   received

recibir   to receive
recién *adv*   just
recientemente *adv*   recently
reclamar   to reclaim
recoger   to gather, pick, collect
reconocer   to recognize
recordar   to remember; to remind
recortado *adj*   cut out
recortar   to outline, delineate
recorrer   to examine; to pass over; to survey; to walk along
rectificar   to rectify, amend, make right
recto *adj*   straight
el **recuerdo**   remembrance, memory
recuperar   to recover, regain
recurrir   to resort to
rechazar   to reject
la **redacción**   editorial office, editing
el **redactor**   editor
el **rededor**   surroundings; **en rededor de** *prep*   around, about
la **redonda**   neighborhood; **a la redonda**   round about
redondeado *adj & pp*   rounded
redondo *adj*   round
reemplazar   to replace
referir   to refer
refinado *adj & pp*   refined
reflejar   to reflect; **reflejarse**   to be reflected
el **reflejo**   reflection
refrescarse   to be refreshed, be cooled
el **refugio**   refuge, protection
la **región**   region, area
regresar   to return
el **regreso**   return; **de regreso**   back

el **reino**   kingdom
reír   to laugh; **reírse**   to
laugh
la **relación**   story, relation
relacionado *adj &*
pp   related
el **relámpago**   lightning
relatar   to tell, relate
el **relato**   story
la **religión**   religion
religiosamente *adv*
religiously
la **reliquia**   relic
el **reloj**   watch, clock
remoto *adj*   remote, far away
removerse   to move; to
remove
repartido *adj & pp*   spread,
scattered; distributed
el **repaso**   review
el **repente**   sudden movement;
de repente   suddenly
repetir   to repeat
la **represa**   dam
reprochar   to reproach,
blame
la **república**   republic
resbalar   to slip
la **residencia**   residence
residir   to reside
resistir   to resist
respaldado *adj & pp*
supported, backed
respetuoso *adj*   respectful
responder   to answer
la **respuesta**   answer
resucitar   to resurrect
resuelto *pp*   resolved
resultar   to follow; to result;
to proceed
retirarse   to withdraw, go
away from
retorcerse   to twist,
wriggle
retratar   to portray; to
imitate

el **retrato**   portrait
retroceder   to recede, go
backwards
la **reunión**   gathering,
meeting
reunir   to gather, amass
revelar   to reveal
la **reverencia**   reverence
el **reverendo**   pastor, reverend;
adj   reverend
el **revés**   reverse
la **revista**   magazine
la **revolución**   revolution
el **revólver**   revolver
el **rey**   king
el **rezo**   prayer
rico *adj*   rich, wealthy
el **rincón**   corner
el **río**   river
la **risa**   laugh, laughter; **de
risa**   laughing
la **roca**   rock
rogar   to beg
rojo *adj*   red
romper   to break
ronco *adj*   hoarse, raspy,
deep
la **ropa**   clothing
el **ropero**   closet (for clothing)
rosado *adj*   pink
el **rostro**   face
rozar   to brush by
rubicundo *adj*   reddish-
blonde, rosy with health
rubio *adj*   blonde
rudo   unpolished,
rough
la **rueda**   wheel
rugir   to roar
rugoso *adj*   corrugated
el **ruido**   noise
el **rumbo**   direction; **rumbo
a**   towards, in the direction
of
el **rumor**   rumor, murmur
runrunear   to purr

S

el **sábado** Saturday
saber to know
la **sabiduría** wisdom
sabio *adj* wise
sacar to take out, remove
el **saco** suit jacket
el **sacrificio** sacrifice
sacudir(se) to shake
la **sala** room, living room; la
   salita little room
salir to leave; **salir bien** to
   pass (a subject in school);
   to turn out well
el **salón** salon, drawing-room
saltar to jump
saludar to greet
el **saludo** greeting
el **salvador** savior
salvaje *adj* savage
salvar to save
la **sandía** watermelon
sangrar to bleed
la **sangre** blood
sangriento *adj* bloody
sano *adj* healthy, sane
el **sargento** sergeant
la **satisfacción** satisfaction
secarse to get dry
el **secreto** secret
la **sed** thirst
la **seguida** succession; series;
   en seguida immediately
seguir to continue; to follow
según *prep* according to
segundo *adj & n* second
seguro *adj* sure, certain; **de**
   seguro truly, certainly,
   surely
la **selva** jungle; forest
la **semana** week
el **semanario** weekly
   publication
sembrar to sow

el **seminario** seminary
sencillamente *adv* simply
sencillo *adj* simple; easy;
   plain
el **sendero** path
el **seno** bosom, breast
sentado *adj* seated, sitting
sentar to seat; **sentarse** to
   sit down
el **sentido** sense, feeling
sentir to feel; to be sorry, to
   regret; **sentirse** to feel
   (well, sad)
señalar to point out
el **señor** man, sir, mister,
   gentleman
la **señora** lady, Mrs.
la **señorita** lady, Miss
separar to separate
septiembre September
el **sepulcro** tomb, grave
sepultar to bury
ser to be; el **ser** being
la **serie** series
el **sermón** sermon
serpentearse to meander,
   wriggle
la **serpiente** snake
servido *pp* served
sesenta *adj* sixty
el **sexo** sex
si *conj* if, whether
sí *adv* yes; (reflex pron used
   after a prep) himself,
   herself, yourself, themselves; **sí mismos**
   themselves
siempre *adv* always, still
la **sierra** mountain range
el **siglo** century
significar to mean,
   signify
siguiente *adj* following
el **silencio** silence
silenciosamente *adv*
   silently

silvestre *adj* rustic, uncultivated

la **silla** chair

el **sillón** armchair

simple *adj* simple

la **simplicidad** simplicity; candor

el **simulacro** image, idol; vision

sin *prep* without; **sin embargo** however

sino *conj* but

siquiera *conj* even though; *adv* even

el **sitio** place; location

la **situación** situation

sobrar to exceed; to have over and above

el **sobre** envelope

sobre *prep* on, over, above, about; **sobre todo** especially, above all

sobreponerse to overcome, overpower

sobrevivir to survive

la **sobrina** niece

el **sobrino** nephew

la **sociedad** society

socorrer to help

el **socorro** help

el **sofá** sofa

el **sol** sun

el **soldado** soldier

la **soledad** solitude

la **solemnidad** solemnity

soler to be accustomed to

solitario *adj* lone

solo *adj* alone; **sólo** *adv* only

soltar to let go, set free

la **sombra** shadow

el **sombrero** hat

sonar to sound, ring

el **sonido** sound

sonreír to smile

sonriente *adj* smiling

la **sonrisa** smile

soñar to dream

soñoliento *adj* sleepy, dreamy

la **sopa** soup

soplar to blow

la **sordina** mute (of a musical instrument)

sorprender to surprise; **sorprenderse** to be surprised

sorprendido *adj & pp* surprised

la **sorpresa** surprise

sospechar to suspect

sostener to sustain, hold

la **sotana** cassock

el **soto** grove

su *pron* his, her, your, their

suavemente *adv* gently, softly

la **suavidad** sweetness, kindness

subir to ascend, go up; to get in (a vehicle)

la **substancia** substance, being

suceder to happen

el **suceso** event, happening

sucio *adj* dirty

el **sudoeste** southwest

el **suelo** ground, floor

suelto *adj* loose

el **sueño** dream; sleep

la **suerte** luck

el **sufrimiento** suffering

sufrir to suffer; el **sufrir** suffering

sugerir to suggest

la **suma** sum, total, quantity

la **superficie** surface; area

la **superstición** superstition

suplicar to entreat, beg

el **suplicio** torture

suponer to suppose

supremo *adj* supreme

el **sur** south

suspirar to sigh
su(b)straer to subtract, purloin
sutil *adj* subtle, cunning
suyo *adj & pron* his, of his; her, of hers; your, of yours; their, of theirs; **las suyas** his, hers, theirs

T

la **taberna** tavern
tal *adj* such, such a; **tal vez** maybe, perhaps
la **taleguilla** small bag
el **tamaño** size
también *adv* also
tampoco *conj* neither
tan *adv* so, as
tanto *adj* so much; **tanto como** as much as; **tanto... como** both . . . and
tapar to cover; to hide; to obstruct
la **tapia** mud wall, wall, fence
la **tarde** afternoon; *adv* late; **más tarde** later
la **tarima** platform
tartamudear to stutter
el **tema** theme, topic
temblar to shake
temer to fear
temeroso *adj* afraid, frightened
el **temor** fear
temprano *adj & adv* early
la **tenacidad** tenacity; perseverance
tender to hold out, extend
tenderse to lie down
tener to have; **tener miedo** to be afraid; **tener que** + *inf* to have to;

tener prisa to be in a hurry
el **teniente** lieutenant
la **tentación** temptation
la **teología** theology
el **terciopelo** velvet
terminante *adj* ending, closing
el **término** term
el (la) **terrateniente** landowner, landholder
terrible *adj* terrible
el **terruño** territory, native country
la **tesis** thesis
el **tesoro** treasure
el **testimonio** testimony
la **tía** aunt
el **tiempo** time, weather
la **tienda** store, shop
la **tierra** earth, land; **tierrita** little land
tieso *adj* stiff
el **tigre** tiger
la **tinta** ink
el **timbre** bell, stamp
la **timidez** shyness
el **tío** uncle
tirante *adj* tight, taut
tirar to throw
el **tiro** shot
el **título** title
el **tocador** dresser
tocar(le) a (uno) to be (one's) turn
todavía *adv* still, yet; even
todo *adj* all; **sobre todo** especially, above all; **todo el mundo** everyone
todos *adj & pron* all (of), everyone
tomar to take, drink
el **tomate** tomato
el **tono** tone, tune
torcerse to be dislocated; to twist

el **torno**   turn; **en torno**
    round about; around
tosco *adj*   coarse
tortuoso *adj*   winding
la **torre**   tower
trabajar   to work
el **trabajo**   work
trabar   to twist
la **tradición**   tradition
el **traductor**   translator
traer   to bring
traidor *adj*   treacherous
el **traje**   suit
la **trama**   plot
el **trámite**   bureaucratic
    paperwork
la **trampa**   trap
la **tranquera**   palisade, fence
tranquilamente
    adv   peacefully
la **tranquilidad**   tranquility,
    peacefulness
tranquilizarse   to relax
tranquilo *adj*   peaceful, calm
transcurrir   to transpire
transformarse   to be
    transformed, be changed
transmitir   to transmit
el **tranvía**   trolley car
el **trapo**   rag
tras *prep*   behind, after
el **tratamiento**   treatment
tratar   to try; to treat
el **través**   crossbeam; **a través**
    de   along, through, across
treinta *adj*   thirty
tremendo *adj*   tremendous,
    awful, terrible
trepar   to climb
tres *adj*   three
la **tribu**   tribe
el **trigo**   wheat
el **trique**   poor household
    goods, things, junk
triste *adj*   sad
la **tristeza**   sadness

el **triunfo**   triumph
el **tronco**   tree trunk
tropezar   to trip; **tropezar**
    con   to come upon; meet
el **trueno**   thunder
la **tumba**   tomb

U

último *adj*   last
un(o) *indef art*   one; a, an;
    unos   some
únicamente *adv*   only
único *adj*   only
unir   to join, unite
la **universidad**   university
el **universo**   universe
la **uña**   nail
usar   to use
usted *pron*   you

V

las **vacaciones**   vacation
vacío *adj*   empty
el **vagabundo**   vagabond,
    rover, tramp
vagamente *adv*   vaguely
vagar   to wander
vago *adj*   vagrant; roaming
valeroso *adj*   brave
el **valle**   valley
varios *adj pl*   several
el **varón**   man, male
la **vecindad**   neighborhood
el **vecindario**   neighborhood
el **vecino**   neighbor
vedar   to hinder, impede; to
    prohibit
la **vega**   fertile lowland

veinte *adj & n* twenty
la **vejez** old age
veloz *adj* fast
el **venado** deer
vencer to conquer
la **venda** bandage
vendar to bandage
el **vendedor** salesman
vengarse to avenge
venir to come
la **ventana** window; **ventanilla** little window
venturoso *adj* lucky, successful
ver to see; **a ver** let's see
veranear to spend the summer
el **verano** summer
las **veras** reality, truth; **de veras** truly
la **verdad** truth
verdadero *adj* real, true
verde *adj* green
el **verdugo** executioner
la **vereda** path, sidewalk
la **vergüenza** shame
el **vericueto** rough and roadless place
la **versión** version
el **versito** little verse
vestir(se) to dress, to get dressed
la **vez** time; **en vez de** instead of; **una vez** once; **a veces** sometimes
viajar to travel
el **viaje** trip
vibrar to vibrate
la **vida** life
el **vidrio** glass
viejo *adj* old; **viejísimo** *adj* extremely old; el **viejo** old man
el **viento** wind
el **viernes** Friday
el **vino** wine

la **violencia** violence
viril *adj* virile, manly
la **viruela** smallpox
visitar to visit
la **víspera** eve
la **vista** sight, view, eyes
visto *adj & pp* seen
visualizar to visualize
visualmente *adv* visually
el **viudo** widower
vivir to live
vivo *adj* live, alive, lively
vocacional *adj* vocational
volar to fly
la **voluntad** will
volver to return; **volver a** + *inf* to do something again; **volverse** to become; **volver en sí** to come to
la **voz** voice
la **vuelta** turn; return; repetition; **darse una vuelta** to take a walk; **a vuelta de correo** by return post
vuestro *adj & pron* your

Y

y *conj* and
ya *adv* already; now; **ya que** now that; since; although
yacer to lie down
la **yarda** yard

Z

el **zapato** shoe
la **zona** zone
zoológico *adv* zoological
el **zopenco** blockhead
zumbar to buzz, hum

Permissions

We wish to thank the authors, publishers, and copyright holders for their permission to use the reading materials in this book.

Enrique Anderson Imbert, "Las estatuas", from *El gato de Cheshire* (Buenos Aires, Losada, 1965), by permission of the author.

José Leandro Urbina, "Padre nuestro que estás en los cielos", from *Las malas juntas* (Ediciones Cordillera, Ottawa, Canada, 1978), by permission of the author.

José Leandro Urbina, "Retrato de una dama", from *Las malas juntas*.

Jorge Luis Borges, "Los dos reyes y los dos laberintos", from *El Aleph* (Emecé Editores, Buenos Aires, 1957), by permission of Emecé Editores.

Ana María Matute, "El otro niño", from *Los niños tontos* (1956), by permission of the author c/o Carmen Balcells Agencia Literaria.

Gregorio López y Fuentes, "Una carta a Dios", from *Cuentos campesinos de México,* by permission of Lic. Ángel López Oropeza.

Concha Espina, "Lágrimas del Valle", by permission of Alfonso de la Serna.

José Donoso, "China", from *Los mejores cuentos* (Santiago: Zig-Zag, 1966), by permission of the author c/o Carmen Balcells Agencia Literaria.

Rubén Darío, "Las pérdidas de Juan Bueno", from *Cuentos completos* (Mexico: Fondo de Cultura Económica, 1950).

Horacio Quiroga, "Juan Darién".

Isabel Allende, "Las dos evangelinas", from *De amor y de sombra* (1984), by permission of the author c/o Carmen Balcells Agencia Literaria.